STML 大学生数学图书馆 STUDENT MATHEMATICAL LIBRARY 4

可计算函数

□ A. Shen, N. K. Vereshchagin 著
□ 陈光还 译

KE JISUAN HANSHU

高等教育出版社·北京 HIGHER EDUCATION PRESS BEIJING

International Press

Originally published in English in the title:
A. Shen and N. K. Vereshchagin
Computable Functions

图书在版编目（CIP）数据

可计算函数 /（俄罗斯）沈，（俄罗斯）韦列夏金著；陈光还译 . -- 北京：高等教育出版社，2014. 1

书名原文：Computable functions

ISBN 978-7-04-038692-9

Ⅰ. ①可… Ⅱ. ①沈… ②韦… ③陈… Ⅲ. ①可测函数－教材 Ⅳ. ① O174.1

中国版本图书馆 CIP 数据核字（2013）第 271506 号

策划编辑 李 鹏　责任编辑 李 鹏　封面设计 赵 阳　版式设计 余 杨
责任校对 刘娟娟　责任印制 朱学忠

出版发行	高等教育出版社	咨询电话	400-810-0598
社 址	北京市西城区德外大街4号	网 址	http://www.hep.edu.cn
邮政编码	100120		http://www.hep.com.cn
印 刷	高教社（天津）印务有限公司	网上订购	http://www.landraco.com
开 本	889 mm× 1194 mm 1/32		http://www.landraco.com.cn
印 张	5.375	版 次	2014 年 1 月第 1 版
字 数	140 千字	印 次	2014 年 1 月第 1 次印刷
购书热线	010-58581118	定 价	35.00 元

物 料 号 38692-00

《大学生数学图书馆》丛书序

改革开放以后，国内大学逐渐与国外的大学增加交流. 无论到国外留学或邀请国外学者到中国访问的学者每年都有增长，这对中国的科学现代化大有帮助. 但是在翻译外国文献方面的工作尚不能算多. 基本上所有中国的教科书都还是由本国教授撰写，有些已经比较陈旧，追不上时代了. 很多国家，例如俄罗斯、日本等，都大量翻译外文书本来增长本国国民的阅读内容，对数学的研究都大有裨益. 高等教育出版社和美国国际出版社在征求海内外众多专家学者的意见的基础上，组织了《大学生数学图书馆》丛书，这套丛书选取海内外知名数学家编写的数学专题读物，每本书内容精练，涵盖了相关主题的所有重要内容.

我们希望这套翻译书能够使我们的大学生从更多的角度来看数学，丰富他们的知识. 本丛书得到了作者本人及海外出版公司的诸多帮助，我们谨此鸣谢.

丘成桐 (Shing-Tung Yau)

2013 年 6 月

引言

本书是在作者于国立莫斯科大学力学数学系给学生上课的讲义的基础上写成的. (作者的另一本书《集合论基础》已经出版, 是这套丛书的第 17 卷[1].)

可计算函数理论出现于 20 世纪 30 年代, 那时还没有 (现代意义上的) 计算机. 第一台计算机是 20 世纪 40 年代设计出的, 设计者之一是英国数学家 Alan Turing, 他正是可计算函数理论的创立者之一. 1936 年 Turing 描述了后来被称为 *Turing* 机的抽象计算机, 而通用 Turing 机的存在性证明导致了把程序存放到计算机存储器中这一想法的产生.

单凭这一点, 可计算性理论 (算法的一般理论) 的基本概念就值得数学家和程序设计者加以注意了. 然而, 这个理论还有着更为广泛的文化意义. 1944 年, 理论的奠基者之一、美国数学家 Emil Post 指出, 在离散数学的发展史中, 可计算性概念形式化的重要性仅次于自然数概念的形式化而排在第二位.

也许 Post 的说法现在看起来有些夸张, 他说: 近十年来, 可行性问题与不可行性问题的差异在本质上并不小于可判定性问题与不可判定性问题的差异, 而可计算复杂性理论在逻辑、数学、计算

[1]指该书英文版为美国数学会 (AMS) 的 “大学生数学图书馆” 丛书第 17 卷. 该书中译本已由高等教育出版社出版. —— 译者注

机科学上都处于核心位置, 这在哲学意义上变得越来越清晰了.

可计算复杂性已超出了本书的范围. 我们的目标限制在选择算法的一般理论中的核心概念和事例并清楚地表述出来, 避免因注重技术细节而模糊了一般概念. 阅读本书不要求特别的预备知识, 但应有一定的数学文化水平 (例如, 我们不再解释什么是实变函数).

我们期望读者能享受算法理论初步学习的这一过程. 如要进一步学习这个理论 (它是数理逻辑的核心), 读者可求助于书后的参考文献.

作者感谢他们的老师 Vladimir Andreevich Uspensky, 他的讲稿、教材和观点深深地影响了作者 (以及本书的内容).

感谢 (国立莫斯科大学力学数学系) 数理逻辑和算法理论专业的全体学生、所有听讲者和讨论班的参加者, 以及本书初稿的读者.

最后, 我们要向美国数学会和 Sergei Gelfand 致谢, 是他组织了本书的英文翻译, 我们还要感谢极其认真翻译本书的 Vladimir Dubrovsky.

作者欢迎读者对本书的错误和打字失误进行指正 (E-mail: ver@mccme.ru, shen@mccme.ru; 地址: Moscow Center for Continuous Mathematical Education, Bolshoy Vlasyevskiy Pereulok 11, Moscow, Russia, 119002).

N. K. Vereshchagin, A. Shen

目录

第一章

可计算函数、可判定集与可数集

1. 可计算函数

设 f 是一个有着自然数自变量和自然数函数值的函数, 如果存在一个计算 f 的算法, 即存在如下的算法 A

• 如果 $f(n)$ 对于确定的自然数 n 是可定义的, 那么输入 n, 算法 A 停止并打印 $f(n)$;

• 如果 $f(n)$ 是不可定义的, 那么输入 n, 算法 A 不停止,

则 f 就称为可计算的.

这个定义有几点附注.

(1) 这个可计算性概念的定义是针对部分函数的 (它的定义域是自然数集的子集). 例如, 空函数 (在任何地方都没有定义, 即这个函数的定义域为空集) 是可计算的: 考虑算法 A, 无论输入什么它都永不停止.

(2) 这个定义可修改为 "如果 $f(n)$ 是不可定义的, 那么或者算法 A 不停止, 或者停止但不打印任何东西". 实际上, 这并没有任何实质性的改变 (代替停止而没有任何输出, 算法可以进入无限循环).

(3) 为避免误解, 我们把自然数理解为非负整数 (而不是通常那样只看作正整数). 显然, 我们的可计算函数的定义不依赖于自然数特定的表达形式 (例如, 用二进制形式表示的算法很容易改写成十

进制形式, 等等). 除了自然数外, 算法还可以输入、输出二进制串(用字母表 $\{0,1\}$ 写成的"字"), 自然数对, 串的有限序列, 以及一般的任意"构造对象". 因此, 我们能够相似地定义具有两个自然数变量、值为有理数的可计算函数.

注意, 实变量和实数值的函数的情形要难些, 函数 $f:\mathbb{R}\to\mathbb{R}$ 的可计算性需要特别的定义, 而定义可以用多种方式给出. 我们不准备详细讨论这类函数的可计算性了. 我们只要注意到, 例如, 正弦是可计算的 (在一个适当的可计算性定义的意义下), 而符号函数 $\mathrm{sign}(x)$, 对于 $x<0, x=0$ 和 $x>0$ 它分别等于 $-1, 0$ 和 1, 则是不可计算的.

同样, 对于变量为 0 和 1 的无穷序列的函数的可计算性也需要特别定义, 等等.

(4) 几十年前, 算法的概念必须作出详细的解释. 现在, 由于"计算机文化"的普及, 没人愿意听这种解释了. 可以把算法看作你喜欢的程序语言的程序, 只要假定存储器容量无限, 而所用的整数(数组下标、指针, 等等) 也没有限制. 我们知道, 可计算性概念是不依赖于特定语言的: 比如在端口, C++ 的程序转为 C 程序也许是一个冗长的任务, 但理论上通常都可以做到.

然而要注意, 不要把一个非算法误认为是算法, 下面就是一个错例.

我们来"证明"任何有自然数变量和值的可计算函数 f 都能扩展为可计算的全 (意思是定义在整个自然数集 $\mathbb{N}$ 上的) 函数 $g:\mathbb{N}\to\mathbb{N}$. 事实上, 如果 f 由算法 A 计算, 那么下面这个算法 B 就可以计算由 f 扩展而得的全函数 g: "如果 A 在 n 处停止, 那么 B 与 A 结果相同; 如果 A 在 n 处不停止, 那么 B 返回 0 值". (自变量错在哪里?)

2. 可判定集

自然数集 X 称为可判定的, 如果存在一个算法, 对于任意给定

的自然数 n 都能确定它是否属于集 X. 这个算法对任意 n 都应停止并给出两个答案 “yes” 或 “no” 之一 (或者 1/0, TRUE/FALSE, 等等).

换句话说, X 是可判定的, 如果它的特征函数

$$\chi(n) = (\text{如果 } n \in X \text{ 则为 } 1,\ \text{否则为 } 0)$$

是可计算的.

显然, 可判定集的交、并、差集也是可判定的. 任何有限集是可判定的.

自然数对集、有理数集等集合的可判定性可以类似地定义.

问题 1. 证明小于 e (自然对数的底数) 的所有有理数组成的集合是可判定的.

问题 2. 证明非空的自然数集是可判定的当且仅当它是自变量和函数值均为自然数的全非减可计算函数的值域.

下面这点很微妙: 集合的可判定性可以非构造性地证明, 而不需要明确地描述判定算法. 一个传统的例子是: 所有 n 的集, 数 π 中至少含有 n 个连续的 9. 这个集是可判定的, 因为它或者包含所有自然数 (因而是可判定的), 或者由小于某数的所有自然数组成 (所有有限集均可判定). 这样, 我们就证明了在任何情形下这个集都是可判定的. 然而, 我们并没有精确地证明, 对于给定的 n, 算法能够确定数 π 中是否至少包含着 n 个连续的 9.

问题 3. 在上述论证中, 我们用到了数 π 的任何性质吗? 如果把 “至少 n 个 9” 换成 “恰有 n 个 9 (旁边都不是 9)” 会有什么变化吗?

不可判定集是否存在? 回答显然是肯定的. 因为有可数多个算法 (因此就有可数多个 $\mathbb{N}$ 的可判定子集), 然而, $\mathbb{N}$ 的所有子集的集合却是不可数的. 后面我们将给出具体的例子.

3. 可数集

一个自然数集称为可数的，如果它能被一个确定的算法计数，即存在一个算法，打印 (按任意顺序和任意延时) 而且只打印这个集的所有元素.

这样的算法是没有输入的；打印完几个数字后可能会突然进行冗长的计算，经过一定时间间隔再打印下一个数字，或者不再打印任何东西了 (这意味着这个集是有限的).

可数集有许多等价定义. 以下是其中的几个:

(1) 一个集是可数的，如果它是一个可计算函数的定义域.

(2) 一个集是可数的，如果它是一个可计算函数的值域.

(3) 一个集是可数的，如果它的 (有时会说成) 半特征函数是可计算的. 半特征函数定义如下: 对 X 的元素它等于 0，在 X 之外无定义.

我们来证明上述定义等价；证明中，(0) 表示最初的那个定义.

(0) $\Rightarrow$ (1), (3)　假设 X 由算法 A 计数，那么集 X 的半特征函数是可计算的. 事实上它可由如下的算法计算:

> 输入数 n，一步步执行算法 A 直到数 n 被打印，立即输出 0，且算法停止.

(1) $\Rightarrow$ (0)　令 X 为 (可计算) 函数 f 的定义域，f 由算法 B 计算，则 X 可由下述的算法 A 计数:

> 顺序输入逐渐增大的数 $0, 1, 2, \ldots$，一步步并行执行算法 B (首先，输入 0 和 1，B 执行一步；每输入 $0, 1, 2$ 就执行两步；每输入 $0, 1, 2, 3$ 就执行三步；等等). 一旦检查到算法 B 终止，立即打印出自变量.

定义 (3) 显然蕴涵定义 (1)，它们与初始定义等价即已成立.

我们来证明 (2) $\Rightarrow$ (1)，即要找到对可计算函数 f 的值域计数的算法. 为此，我们只需把上述的算法 A 改为打印由 B 返回的结果，而不是 B 终止时的自变量.

最后再来证明 (1) ⇒ (2), 即要说明任何一个可数集 X 都是一个可计算函数的值域. 我们已经知道 X 是一个可计算函数的定义域, 如果这个函数是由算法 A 计算的, 那么 X 就是函数 b 的值域, 当输入 x 时 A 终止, 函数 b 取值 x, 此外 b 无定义. 我们写出 b 的定义如下:

$$b(x) = \begin{cases} x, & \text{当 } A \text{ 终止于 } x \text{ 时}, \\ \text{无定义}, & \text{其他情形}. \end{cases}$$

计算这个函数的算法和 A 完全一样, 只是它不由算法 A 产生结果, 而是复制了输入的数据.

这里还有一个可数集的等价定义: 自然数的集 X 是可数的, 如果 X 或者为空集, 或者是一个全可计算函数的值域 (换句话说, 它的元素可以排成一个可计算序列).

事实上, 假设非空可数集 X 可由算法 A 计数, 令 x_0 是 X 的任意元素, 考虑下面的全函数 a: 如果第 n 步返回数 t, 则 $a(n) = t$; 如果什么也不返回, 则 $a(n) = x_0$ (假定在任何给定的步骤只出现一个数, 否则计算将被分成更小的步骤).

应当指出这个推理是非构造的. 就是说, 给定了算法 A 但我们并不需要知道被计数的集是空集还是非空集.

定理 1. 可数集的交和并是可数的.

证明. 如果 X 和 Y 由算法 A 和 B 计数, 那么它们的并可由并行执行 A 和 B 的算法来计数, 打印出由 A 和 B 打印出的东西. 交的情形要难一些: 由 A 和 B 生成的结果要存储起来再进行比较; 把公共的结果打印出来. ■

问题 4. 应用其他的可数性等价定义之一来证明定理 1.

我们将看到, 可数集的补集可能不可数.

问题 5. 有时会考虑 "非判定性算法" (这种矛盾修辞是常用的), 这类算法包含着类似这样的指令

$$\mathtt{n} := \text{任意自然数}$$

(指令 “n := 0 或 1” 已足够了, 因为任何数都可以一位一位地构成). 非判定性算法随着它对 “任意数” 的选择, 可能对同样的输入有不同的计算途径. 试证: 一个可数集可以等价地定义为出现在一个非判定算法 (有固定的输入) 输出中的数集.

问题 6. 证明如果集 $A \subset \mathbb{N}$ 和 $B \subset \mathbb{N}$ 是可数的, 那么它们的笛卡儿积 $A \times B \subset \mathbb{N} \times \mathbb{N}$ 也是可数的.

4. 可数集与可判定集

定理 2. 任何自然数的可判定集都是可数的. 如果集 A 和它的补集 $\mathbb{N} \backslash A$ 是可数的, 那么 A 是可判定的.

证明. 如果有一个算法可以检验一个数是否属于集 A, 那么集 A 和它的补集就是可数的. 我们可对数 $0, 1, 2, \ldots$ 中的每一个进行检验, 属于 A 就打印这个数 (或者打印不属于 A 的数).

反之, 假设我们有一个算法对 A 计数, 另有一个算法对 A 的补集计数. 给定一个数 n, 现在来确定它是否属于 A, 为此, 只要运行这两个算法, 直到其中之一打印出 n (我们知道其中之一最后一定会打印 n). 检查是哪个算法打印这个数, 就可以确定 n 属于 A 或者不属于 A. ■

这个事实被称为 *Post* 定理.

它说明可判定集是有可数补集的可数集. 此外, 可数集还能以可判定性语言来定义.

定理 3. 自然数的集 P 是可数的, 当且仅当 P 是可判定的自然数对的集合 Q 的射影. (关于数对集的射影, 指的是数对中第一分量的集合: 即 $x \in P \Leftrightarrow \exists y(\langle x, y \rangle \in Q)$.)

证明. 任何可数的数对集的射影是可数的 (对数对计数并抽出第一个元素), 这样, 可判定集的射影更是可数的了. ■

反之, 由算法 A 计数的可数集 P 是由所有数对 $\langle x, n \rangle$ 组成的

可判定集 Q 的射影, 它的第一个元素 x 在算法 A 执行完前 n 步时出现. (数对 $\langle x,n\rangle$ 的这个性质显然是可判定的.)

5. 可数性与可计算性

我们看到可数集的概念可以用可计算函数的语言来定义 (例如, 作为可计算函数的定义域). 这种情形也可以反过来.

定理 4. 自变量值与函数值均为自然数的函数 f 是可计算的, 当且仅当它的图像

$$F=\{\langle x,y\rangle \,|\, f(x)\ \text{有定义并等于}\ y\}$$

是自然数对的可数集.

证明. 设 f 是可计算的, 则存在对其定义域计数的算法, 可以打印所有使函数 f 有定义的 x. 加上对每个这样的 x 计算 $f(x)$, 就得到了对集 F 计数的算法.

反之, 如果存在算法 A 可以对 F 计数, 那么函数 f 可由下面的算法计算: 输入数 n, 运行算法 A, 直到返回第一分量为 n 的数对, 这时立即打印这个数对的第二分量并结束计算. ■

令 f 是一个有自然数变量和函数值的部分函数, 而 A 是 $\mathbb{N}$ 的子集. 集 A 在 f 下的像定义为所有数 $f(n)$ 的集, 其中 $n\in A$ 并且 $f(n)$ 有定义. 集 A 在 f 下的原像定义为所有 n 的集, 其中 $f(n)$ 有定义并且 n 属于 A.

定理 5. 可计算函数下的可数集的像与原像是可数的.

证明. 事实上, 要得到一个可计算函数 f 下的可数集 A 的原像, 只要令 f 的图像与 $\mathbb{N}\times A$ 相交并且取交在第一个坐标的射影就够了. 交换坐标后, 类似的论证也可用于像. ■

问题 7. 令 F 为自然数对的可数集, 证明存在一个定义在集合 $\pi_1(F)=\{x\,|\,\exists y\langle x,y\rangle\in F\}$ 上的可计算函数 f, 对于任何的 $x\in\pi_1(F)$ 均

有 $\langle x, f(x)\rangle \in F$. (有时这个命题又称为单值化定理.)

问题 8. 令 X 和 Y 是两个有非空交集的可数集, 证明存在不相交的可数集 $X' \subset X$ 和 $Y' \subset Y$ 使得 $X' \cup Y' = X \cup Y$.

问题 9. *Diophantus* 方程是形如 $P(x_1, \ldots, x_n) = 0$ 的方程, 其中 P 是整系数多项式. 证明有整数解的 Diophantus 方程的集是可数的. (众所周知 Yu. V. Matiyasevich 在解决著名的 "Hilbert 第十问题" 时指出, 这个集是不可判定的.)

问题 10. 不涉及 Fermat 大定理的证明, 试说明方程 $x^n + y^n = z^n$ 有正整数解的所有自然数 n 的集是可数的. (现在知道, 这个集仅包含 1 和 2.)

问题 11. 试说明任意的无限可数集都可以表示成 $\{a(0), a(1), a(2), \ldots\}$ 的形式, 其中 a 是函数值两两不等的全可计算函数. (提示: 删掉计数过程中的重复.)

问题 12. 试说明任意的无限可数集都包含着一个无限可判定子集. (提示: 应用前述问题的结果并选择一个递增的子序列.)

问题 13. 试说明对于任意的可计算函数 f, 都有一个在下述意义下对 f 来说是 "伪逆的" 可计算函数: g 的定义域与 f 的值域重合, 而且对于使 $f(x)$ 有定义的所有 x, 等式 $f(g(f(x))) = f(x)$ 都成立.

问题 14. 实数 α 称为可计算的, 如果存在一个可计算函数 a, 对于任意的有理数 $\varepsilon > 0$, 它都能产生 α 精确到 ε 的近似值, 也就是说, 对任意的有理数 $\varepsilon > 0$, 总有 $|\alpha - a(\varepsilon)| \leqslant \varepsilon$. (有理数是可构造对象, 所以可计算性概念不需要细说.)

(a) 证明 α 可计算当且仅当集 $\{q \in \mathbb{Q} \,|\, q < \alpha\}$ 可判定.

(b) 证明 α 可计算当且仅当以十进制 (或二进制) 分数表示的数字形成一个可计算序列.

(c) 证明 α 可计算当且仅当存在一个可计算的有理数序列可计算地收敛到 α (可计算收敛的意思是, 对于任意的 ε, 在标准的 ε-N

定义中的相应的 N 可以算法地找到).

(d) 试说明可计算实数的和、积、差、比是可计算的. 可计算系数多项式的根也是可计算的.

(e) 什么是可计算实数的可计算序列? 什么是实数的可计算收敛序列? (给出自然的定义.) 证明可计算实数的可计算收敛序列的极限是一个可计算实数.

(f) 实数 α 称为从下方可数, 如果小于 α 的所有有理数的集合是可数的. (实数从上方可数也可以类似地定义.) 证明数 α 从下方可数当且仅当它是一个可计算有理数递增序列的极限.

(g) 证明一个实数可计算当且仅当从上、下两方都是可数的.

可计算实数的更多的性质参见问题 23.

第二章

通用函数与不可判定性

1. 通用函数

现在我们来构造一个可数但不可判定的集. 为此, 我们要用到通用函数的概念.

两个自然数变量[1]的函数 U 对于一个变量的所有可计算函数类称为*通用的*, 如果

(1) 对于任意的 n, 函数

$$U_n : x \mapsto U(n, x)$$

(函数 U 对于选定的 n 的*截面*) 是可计算的;

(2) 所有一个变量的可计算函数都出现在截面 U_n 中.

(记住无论是 U 还是一个变量的函数都不必是全函数.)

对于其他的一元函数类可以给出类似的定义: 例如, 二元函数 U 对全可计算一元函数类称为通用的, 如果所有的截面 U_n 都是全可计算的一元函数并且任何这样的函数都出现在 U_n 之中. 显然, 对任何可数类通用函数都存在 (也只对这些类存在).

下面的事实在本章中起着关键作用.

[1]对一个、两个、三个, 一般地 k 个变量的函数我们分别简短地说成一元、二元、三元和 k 元函数.

定理 6. *存在一个二元可计算函数通用于一元可计算函数类.*

证明. 选择某种程序语言, 把计算一元函数的所有程序排成一个可计算序列 $p_0, p_1, \ldots$ (例如, 可按长度的递增次序排列). 令 $U(i,x)$ 等于输入 x 时运行第 i 个程序的输出. 那么, 函数 U 就是所求的可计算通用函数. 而截面 U_i 就是由程序 p_i 计算出的可计算函数. 本质上, 计算函数 U 的算法是用所采用的程序语言所做的一个解释程序. 事实上, 用给定的程序语言所做的解释程序有两个变量 —— 用这个语言写的程序 p 和输入 x —— 并模拟输入 x 时 p 的行为. 众所周知, 某个程序语言的解释程序可用同一个语言编程 (例如, Pascal 程序的解释程序可用 Pascal 写出). 和编号程序一样, 我们可以说通用函数是把第一个变量用到第二个变量的一个解释程序. ■

问题 15. 假定二元函数 U 的所有截面 U_n 都是可计算的, 这是否表明函数 U 也是可计算的?

问题 16. 给出三元可计算函数通用于二元可计算函数类的 (自然的) 定义, 试证明这样的函数存在.

相似的术语也用到集合上: 集 $W \subset \mathbb{N} \times \mathbb{N}$ 被称为*通用于*自然数集的类, 如果集 W 的所有截面

$$W_n = \{x \mid \langle n, x\rangle \in W\}$$

都属于这个类, 且此外没有其他的集属于这个类.

定理 7. *存在一个自然数对的可数集通用于所有自然数的可数集.*

证明. 考虑通用函数 U 的定义域, 它是通用可数集, 因为任何可数集都是某个一元可计算函数的定义域, 因此也是 (对于某个 n 的) U_n 的定义域. ■

问题 17. 任何可数集都是某个确定的函数 U_n 的值域, 基于这个事实如何构造一个通用集?

问题 18. 是否存在自然数对的可判定集通用于所有自然数的可判

定集的类?

2. 对角构造

上一节中我们构造了对所有一元可计算函数类通用的可计算函数. 那么, 对所有全可计算一元函数类也能这样做吗? 答案是不能.

定理 8. 不存在两个变量的全可计算函数能通用于所有一个变量的全可计算函数类.

证明. 我们将应用“对角构造”; 相似的思想曾用来证明所有无穷十进小数集不可数 [例如, 参考文献 [12], 第一章第 6 节]. 令 U 是两个变量的任意全可计算函数, 考虑对角函数 $u(n) = U(n,n)$. 显然, 对于自变量 n, 函数 u 与函数 U_n 是相同的 (也就是说, $u(n) = U_n(n)$), 而 $d(n) = u(n) + 1$, 与 $U_n(n)$ 不相等. 因此, 全可计算函数 d 与所有的截面 U_n 不同, 所以函数 U 不是通用的. ■

这个论证为什么不能用于所有可计算函数类 (包括部分函数) 呢? 这是因为在那种情形下 $d(n) = U(n,n)+1$ 的值不一定与 $U_n(n) = U(n,n)$ 的值截然不同, 既然两个值都可能没有定义.

无论如何, 我们论证的一部分依然是正确的.

定理 9. 存在一个可计算函数 d, 没有一个可计算函数 f (它的自变量和函数值均为自然数) 能在任何地方都与它不同: 对于任意的可计算一元函数 f 总存在一个数 n, 使得 $f(n) = d(n)$ (这个等式的意思是或者 $f(n), d(n)$ 两个值都没有定义, 或者它们有定义而且相等).

证明. 我们期望的函数 d 是对角函数, 即 $d(n) = U(n,n)$ (其中 U 是二元可计算函数, 它通用于一元可计算函数类). 对于任何可计算函数 f, 总有一个确定的 n 使得它与 U_n 相同; 因此, $f(n) = U_n(n) = U(n,n) = d(n)$. ■

定理 10. 存在一个可计算函数, 它没有全可计算扩展.

证明. 我们期望的函数可以用公式 $d'(n) = d(n) + 1$ 来定义, 其中 d 是前述定理中的函数. 事实上, 它的任何一个全扩展 $\bar{d}'$ 无论何处均不同于 d (如果 $d(n)$ 有定义, 那么 $d'(n) = d(n) + 1$ 也有定义, 并且 $\bar{d}'(n) = d'(n) \neq d(n)$; 如果 $d(n)$ 没有定义, 由于 $\bar{d}'$ 是全函数, 那么 $\bar{d}'(n) \neq d(n)$), 因此 $\bar{d}'$ 是不可计算的. ■

问题 19. 证明函数 d (定理 9) 本身就没有全可计算扩展.

3. 可数的不可判定集

现在我们可以实现本章开头所做的承诺了.

定理 11. *存在一个自然数的可数而不可判定的集. (重述如下: 存在一个有着不可数补集的可数集.)*

证明. 考虑一个可计算函数 f, 它的自变量和函数值都是自然数而没有全可计算扩展. f 的值域 F 就是所求的集. 事实上, F 是可数的 (按可数性的定义之一). 如果 F 可判定, 那么函数

$$g(x) = \begin{cases} f(x), & \text{如果 } x \in F, \\ 0, & \text{如果 } x \notin F \end{cases}$$

就是函数 f 的一个全可计算扩展 (要计算 $g(x)$, 先检查 x 是否属于 F (既然 F 可判定, 当然可以这样做), 如果 $x \in F$, 则计算 $f(x)$). ■

追寻集 F 的构造并仔细观察最终导致它可数而不可判定的过程会是有益的. 在我们的构造中, F 是使得 $U(n, n)$ 有定义的所有 n 的集. 回忆通用函数 U 的构造, 可知 F 是所有 n 的集, 其中的 n 表示第 n 个程序停止于 n. 然而, “查明一个给定的程序在应用到它自己的编号时是否终止” 这个问题是算法不可解的.

因此, 一个更一般的问题, “对于给定的算法 A 和输入 x, 查明 A 是否在 x 处停止” 是不可判定的. 这就是著名的 “停机问题”.

另一种说法, 函数 U 的定义域也是可数而不可判定的数对集. (一个算法如果能告诉我们把程序应用于任意输入时是否会停止, 那

么它也能告诉我们把这个程序用于它自身的编号时是否会停止.)

问题 20. 令 U 为任意自然数对的可数集, 它通用于所有自然数可数集的类. 证明它的 "对角截线" $K = \{x \mid \langle x, x\rangle \in U\}$ 是可数而不可判定集.

问题 21. 令自然数集 S 是可判定的, 把 S 中的数分解为素因数, 所有出现在 S 的这些分解式中的素数构成集 D, 集 D 仍然是可判定的吗?

问题 22. 令集 $U \subset \mathbb{N} \times \mathbb{N}$ 是可判定的. 那么, 集 U 的 "低点" 集, 即

$$V = \{\langle x, y\rangle \,\big|\, (\langle x, y\rangle \in U) \text{ 且 } (\langle x, z\rangle \notin U, \text{ 对于所有的 } z < y)\}$$

也仍然是可判定的吗? 如果 U 可数, 则 V 也可数, 是真的吗?

问题 23. 试说明存在一个实数 α 从下方可数, 但不可计算 (参看 9 页的定义). (提示: 考虑对所有 k 的级数 $\sum 2^{-k}$ 的和, 其中 k 取自可数集 P. 这个和从下方可数, 但仅当 P 可判定时才是可计算的.)

在问题 31 到 60 中, 我们再回到可计算实数.

4. 可数的不可分集

稍微修改一下我们的推理, 就能改进上面得到的结果.

定理 12. *存在一个可计算函数只取值 0 和 1, 而没有全可计算扩展.*

证明. 代替函数 $d'(x) = d(x) + 1$ 我们来考虑函数

$$d''(x) = \begin{cases} 1, & \text{如果 } d(x) = 0, \\ 0, & \text{如果 } d(x) > 0 \end{cases}$$

(这个等式无疑设定了如果 $d(x)$ 无定义, 则 $d''(x)$ 也没有定义). 函数 d'' 的任何一个全扩展处处不同于 d, 如前, 它是不可计算的. ■

这个结果可以转译成可数集的语言. 我们称集 C 分离成两个不相交的集 X 和 Y, 如果 C 包含其中之一, 而与另一个集没有公共点.

定理 13. *存在两个不相交的可数集 X 和 Y 不能被任何可判定集分离.*

证明. 令 d 为只取值 0 和 1 而没有全可计算扩展的可计算函数. 集 $X = \{x\,|d(x) = 1\}$, $Y = \{x\,|d(x) = 0\}$, 易见集 X 和 Y 是可数的. 设它们能被可判定集 C 分离; 可以假定 C 包含 X, 而与 Y 不相交 (否则可考虑 C 的补集). 于是, 集 C 的特征函数 (在 C 上等于 1, 在 C 外等于 0) 扩展为 d. ■

注意, 定理 13 蕴涵着可数但不可判定集的存在 (如果两个集不能被一个可判定集分离, 那么它们之中就没有一个是可判定的).

问题 24. 如何应用上面介绍的通用函数 $U(n, x)$ 来构造可数而不可分离的集?

问题 25. 试说明存在可计算的许多不相交的可数集, 它们任何两个都是不可分离的 (不能被一个可判定集分离).

5. 单集: Post 构造

可数而不可判定集还有别的构造, 下面给出其中之一 (E. Post 发明的).

一个集称为禁集, 如果它是无穷的但不包含无穷可数子集. 一个可数集称为单集, 如果它的补集是禁集. (显然, 这样的集不可判定.)

定理 14. *存在单集.*

证明. 我们需要找出一个可数集 S, 它的补集是禁集, 这意味着 S 与任何无穷可数集都必有一个公共点. 为了确保这一点, 我们从每个可数集 V (至少从无穷集 V) 中取一个元素加到 S 中去. 要做到这点, 必须保证 S 外有无穷多个元素, 结果, 我们加到 S 中的仅为足够大的元素 (从第 i 个集中只取一个大于 $2i$ 的元素).

现在来解释得详细一些. 设 W 是一个数对的通用可数集, 它的截面 W_i 是所有的自然数可数集, 我们把 W_i 叫作 "编号为 i 的可数集" (有可能把不同的号码分配给了同一个集). 我们来考虑数对的集 $T = \{\langle i, x\rangle | x \in W_i \text{ 且 } x > 2i\}$, 它是可数的 (因为它是 W 和可判定集 $\{\langle i, x\rangle \,| x > 2i\}$ 的交). 现在来对 T 计数, 省略掉第一个元素在前面计数中已经出现过的数对, 这样就得到了 T 的一个确定的可数子集 T'. 现在考虑包含在 T' 中的所有数对的第二个元素的可数集 S.

集 S 与任意一个无穷可数集都有非空的交集. 事实上, 既然任意的无穷截面 W_i 都含有大于 $2i$ 的数, 集 T 至少含有一个第一分量为 i 的数对, 而 T' 恰好含有一个第一分量为 i 的数对, 那么这个数对的第二分量就既属于 S 又属于 W_i 了.

另一方面, 既然从 0 到 $2n$ 最多只有 $n-1$ 个不同的数属于 S (这些数是从前 n 个垂直截面之一中取到 S 中的; S 中其他的数都大于 $2n$), 则集 S 必有无穷补集. ■

问题 26. 证明不包含无穷可判定子集的无穷集是禁集.

问题 27. 证明存在可数集 A 具有下面的性质: A 的补集是无穷集而且所有 $\mathbb{N}\backslash A$ 元素的递增序列 $\alpha(0) < \alpha(1) < \alpha(2) < \cdots$ 没有可计算上限 (也就是说, 对于任意全可计算函数 b, 总存在一个数 n, 有 $\alpha(n) > b(n)$). 证明任何具有这个性质的可数集 A 是单集.

第三章

编号与运算

1. Gödel 通用函数

显然, 两个可计算函数的复合也是可计算的. 从两个函数的程序算法地得到它们复合的程序这样的语句会显得更"能行". 采用适当的程序语言, 复合函数的程序可由两个可计算函数的过程组成, 而主程序只有简单的一句: "`return (f(g(x)))`".

然而, 为了避开程序语言的细节, 我们不想讨论程序, 宁愿讨论函数的编号, 而确实也有工具能做到. 事实上, 对于任何一个函数 U, 它通用于一个变量的可计算函数类就确定了这个类的编号: 自然数 n 就是函数 $U_n : x \mapsto U(n,x)$ 的编号.

一般地说, 任意一个集 $\mathcal{F}$ 的编号 (更精确地说是*自然数编号*) 就是一张全映射 $\nu : \mathbb{N} \to \mathcal{F}$, 它的值域是集 $\mathcal{F}$. 如果 $\nu(n) = f$, 则 n 就是 f 的编号. 因此, 任意一个二元函数确定了某个一元函数类的编号 (并通用于这个类).

现在的目标是给出一个精确的公式, 并证明下述命题: (在某个可计算函数编号系统的条件下) 存在一个算法, 它能对两个可计算函数的编号确定复合函数的编号.

首先, 要求确定了编号系统的通用函数是可计算的. (这样的编号系统称为*可计算的*.) 然而, 单有这个条件还不够: 我们要的是 *Gödel 编号系统*. 令 U 是一个二元可计算函数, 通用于一元可计算

函数类, 它称为 *Gödel* 通用函数, 如果对任意的可计算二元函数 V 存在全可计算一元函数 s, 使得

$$V(m,x) = U(s(m),x)$$

对所有的 m 和 x 都成立. (这个等式通常理解为或者两边的值都没有定义, 或者它们有定义且相等.)

换句话说, $V_m = U_{s(m)}$ 表示, 函数 s 给一个函数的 V- 编号确定了同一个函数的 U- 编号.

定理 15. *存在 Gödel 通用函数.*

证明. 我们给出这个定理的两个证明.

在第一个证明里, 我们说明在定理 6 的证明中描述的通用函数可以生成 Gödel 通用函数. 记得我们曾用某种自然的程序语言按照长度的升序给所有程序 $p_0, p_1, p_2, \ldots$ 进行计数, 并定义 $U(n,x)$ 为输入 x 后程序 p_n 生成的结果. 设 V 为另外的两个变量的可计算函数, 对于任意的自然数 m, 我们必须得到函数 V_m 的程序, 也就是令 V 中第一个变量为 m 所得函数的程序. 显然, 在任意一种适当的程序语言中, 建立这样的程序很容易, 只需在 V 的程序中把第一个变量代换成一个常数就行了 (或者固定第一个变量, 从主程序中把 V 的程序改换为过程).

我们的第二个证明不需要关注构造通用函数的细节, 只用到通用函数的存在性.

首先, 注意到存在一个三元可计算函数通用于二元可计算函数类, 这就是说有一个函数 $T(n,u,v)$, 只要固定 T 的第一个变量就得到所有的二元可计算函数 $T_n(u,v) = T(n,u,v)$.

这样的函数 T 可以如下构造. 给定数对的任意可计算编号系统, 即在 $\mathbb{N} \times \mathbb{N}$ 和 $\mathbb{N}$ 之间的可计算一一对应 $\langle u,v \rangle \leftrightarrow [u,v]$, 对应于数对 $\langle u,v \rangle$ 的整数 $[u,v]$ 称为这个数对的编号. 令 R 为通用于所有一元可计算函数类的二元可计算通用函数, 那么由公式 $T(n,u,v) = R(n,[u,v])$ 定义的可计算函数 T 就通用于二元可计算函数. 事实

上, 令 F 为任意二元可计算函数, 考虑关系式 $f([u,v]) = F(u,v)$ 定义的一元可计算函数 f. 既然 R 是通用的, 那么必存在数 n, 对所有的 x 都有 $R(n,x) = f(x)$. 对这个 n, 有关系式 $T(n,u,v) = R(n,[u,v]) = f([u,v]) = F(u,v)$; 因此函数 T 的第 n 个截面与 F 相同, 这就意味着 T 就是所求的三元通用函数.

现在, 我们用 T 来定义一个二元的 Gödel 通用函数 U. 只要非形式化地将所有其他的二元可计算函数都用 U 来构造, 那么 U 就变成一个 Gödel 函数了. 令 $U([n,u],v) = T(n,u,v)$, 这样得到的函数 U 就是一个 Gödel 函数. 对于任何出现在函数 T 的截面的二元可计算函数 V, 我们都能找到 n, 使得 $V(u,v) = T(n,u,v)$ 对所有的 u 和 v 都成立. 于是 $V(u,v) = U([n,u],v)$ 对所有的 u 和 v 都成立, 因此由 $s(u) = [n,u]$ 定义的函数 s 满足 Gödel 通用函数定义的要求. ■

对应于 Gödel 通用函数的可计算函数的编号系统称为 *Gödel 编号系统*.

现在, 我们准备好来证明本章开头精确表述的命题了.

定理 16. 令 U 为通用于一元可计算函数类的二元 Gödel 函数, 则存在一个全函数 c, 它可以对两个一元函数的编号 p 和 q 确定它们的复合编号 $c(p,q)$: 即 $U_{c(p,q)}$ 是复合 $U_p \circ U_q$, 或者

$$U(c(p,q),x) = U(p,U(q,x))$$

对所有的 p,q 和 x 都成立.

证明. 考虑由等式 $V([p,q],x) = U(p,U(q,x))$ 定义的二元可计算函数 V. 由 Gödel 通用函数的定义可知, 必定存在一元全可计算函数 s 使得 $V(m,x) = U(s(m),x)$ 对所有的 m 和 x 都成立. 那么 $V([p,q],x) = U(s([p,q]),x)$. 因此, 由关系 $c(p,q) = s([p,q])$ 定义的函数 c 即为所求.

让我们形式地重述这个证明. (为简单起见, 我们把程序和它的编号视为相同, 再考虑函数 U_m 的 U- 程序的编号 m.) 函数 V 可以

看成是某种程序语言的解释程序, 按照 Gödel 编号系统的定义, 存在一个算法 s, 它把任意的 V- 程序 m 转换为同一函数的 U- 程序 $s(m)$.

现在, 我们构造一个新的程序语言来说明数对 $\langle p,q\rangle$ 是有 U- 程序 p 和 q 的函数的复合函数的程序, 由假设, 这样的程序可以算法地转换为 U- 程序. 这就完成了证明. ■

有趣的是定理 16 的逆命题也为真:

问题 28. 令 U 是二元可计算函数, 它通用于一元可计算函数类. 如果存在一个全函数, 对任意的 p 和 q, 对有 U- 编号 p 和 q 的函数的复合函数都能指定 U- 编号, 则 U 是 Gödel 通用函数. (提示: 函数 $x\mapsto[k,x]$ 的 U- 编号可以由 k 通过算法得到.)

一个很自然的问题: 有没有非 Gödel 的可计算通用函数? 稍后可以看到它们确实存在.

问题 29. 我们改变 Gödel 通用函数的定义, 要求转换函数 s 只对通用可计算函数 V 存在 (而前面, 要求对所有函数存在). 试说明新定义和老定义等价. (提示: 任何函数都可以通过 "夹入" 某个通用函数的方式改造成通用的.)

问题 30. 令 U 为 Gödel 通用函数. 证明对任意的可计算函数 $V(m,n,x)$ 都存在一个全可计算函数 $s(m,n)$ 使得 $V(m,n,x)=U(s(m,n),x)$ 对所有的 m,n 和 x 都成立. (提示: 将 m 和 n 组成一个数对.)

2. 可计算函数的可计算序列

令 $f_0,f_1,\ldots$ 为一元可计算函数序列. 我们需要给叙述 "序列 $i\mapsto f_i$ 是可计算的" 下定义. 有两个自然的定义:

- 序列称为可计算的, 如果由公式 $F(i,n)=f_i(n)$ 定义的二元函数 F 是可计算的;

- 序列是可计算的, 如果存在一个自然数的可计算序列 $c_0, c_1, \ldots$ 使得 c_i 是函数 f_i 的编号之一 (对每个 i 而言).

  第二个定义 (与第一个不同) 依赖于可计算函数的编号.

定理 17. 如果编号系统是可计算的 (即对应的通用函数 U 是可计算的), 则第二个定义蕴涵第一个定义. 如果它还是 Gödel 编号系统, 则第一个定义蕴涵第二个定义.

(下面谈到可计算函数的可计算序列时, 我们总是假设编号系统是 Gödel 的, 因而任意一个定义都好用.)

证明. 设 U 是一个可计算通用函数而序列 $i \mapsto c_i$ 是可计算的, 那么, 函数 $F : \langle i, x \rangle \mapsto f_i(x) = U(c_i, x)$ 是可计算函数的复合, 因而也是可计算的.

反之, 如果函数 F 可计算, 通用函数 U 是 Gödel 的, 那么由 Gödel 通用函数的定义可知转换函数必存在, 它就是取 i 为函数 f_i 的编号之一的那个函数. ■

问题 31. 取定一个一元可计算函数类的 Gödel 通用函数, 它符合第一章第 5 节中的定义从而确定一个可计算实数的编号系统: 一个可计算实数 α 的编号就是对任意函数的任何编号都可以对每个有理数 $\varepsilon > 0$ 确定一个 α 的 ε- 逼近.

(a) 试指出存在一个算法, 它能由任意和的编号计算出两个可计算实数的和的编号之一.

(b) 试指出没有算法能从任意可计算实数 x 的任何一个编号确定 x 是否等于 0.

(c) 正如在问题 14 中看到的, 任何可计算实数都有可计算的十进制表达式. 试说明没有算法能把任何可计算实数 x 的任一编号变换成确定 x 的十进制表达式的可计算函数的编号.

3. Gödel 通用集

我们把上述可计算函数的定义用于可数集的情形. 可数集 $W \subset$

$\mathbb{N}\times\mathbb{N}$ 称为 Gödel 通用可数集 (通用于 $\mathbb{N}$ 的所有可数子集类), 如果对于任何可数集 $V\subset\mathbb{N}\times\mathbb{N}$ 都存在全可计算函数 $s:\mathbb{N}\to\mathbb{N}$ 使得

$$\langle n,x\rangle\in V\Leftrightarrow\langle s(n),x\rangle\in W$$

对所有的 n 和 x 都成立. (显然, 这个性质蕴涵了通用性.)

正如在函数的情形那样, 我们可以转换到编号系统上去. 每个集 $U\subset\mathbb{N}\times\mathbb{N}$ 按照以下方式定义了 $\mathbb{N}$ 的子集的某个族的编号系统: n 是第 n 个截面 $U_n=\{x\,|\langle n,x\rangle\in U\}$ 的编号. $\mathbb{N}\times\mathbb{N}$ 的一个可数子集给定了 $\mathbb{N}$ 的可数子集的某个族的编号系统; 这样的编号系统称为可数的. 一个可数集 $W\subset\mathbb{N}\times\mathbb{N}$ 通用当且仅当自然数的任何可数子集都有 W- 编号; W 是一个 *Gödel* 集当且仅当任何可计算编号系统 V (可数集的任意族的编号系统) 都可以在 $V_n=W_{s(n)}$ 意义下可计算地归约到 W- 编号系统, 它对于某个可计算函数 s 和所有的 n 都成立.

定理 18. *存在 Gödel 通用可数集 $W\subset\mathbb{N}\times\mathbb{N}$.*

证明. 这个定理显然是下面这个命题的推论:

引理. *一元可计算函数类的 Gödel 通用函数的定义域是 $\mathbb{N}$ 的可数子集类的 Gödel 通用集.*

引理的证明. 令 U 为一个 Gödel 通用函数, W 是它的定义域. 考虑任意可数集 $V\subset\mathbb{N}\times\mathbb{N}$ 和以 V 为定义域的可计算函数 G. 既然 U 是 Gödel 的, 必存在全可计算函数 $s:\mathbb{N}\to\mathbb{N}$ 使得对于所有的 n 都有 $G_n=U_{s(n)}$, 于是函数 G_n 和 $U_{s(n)}$ 的定义域相同, 即 $V_n=W_{s(n)}$. ■

问题 32. 应用 $\mathbb{N}^3$ 的通用子集直接构造一个 Gödel 通用集 (类似于上面构造 Gödel 通用函数的方法).

沿着类似函数情形的思路, 可以证明各种各样集合的运算都对应于它们的编号的可计算变换. 举例如下.

定理 19. 令 $W \subset \mathbb{N} \times \mathbb{N}$ 为 Gödel 通用可数集. 那么两个可数集的交的编号就可由这些集的 W- 编号算法地计算: 存在一个二元全可计算函数 s, 使得对任意的 m 和 n 都有

$$W_{s(m,n)} = W_m \cap W_n.$$

证明. 考虑由关系

$$\langle [m,n], x \rangle \in V \Leftrightarrow x \in (W_m \cap W_n)$$

定义的集 $V \subset \mathbb{N} \times \mathbb{N}$ (方括号表示数对), 并对 V 应用 Gödel 通用集的定义. ■

和函数的情形一样, 可数集序列的可计算性概念也有两种定义: 一种是称序列为可计算的, 如果它与可数集 V 的截面序列 $V_0, V_1, \ldots$ 相同; 另一种说法要求有一个算法, 对任意给定的 i 在一个 Gödel 编号系统中计算第 i 个集的一个编号. 这些定义是等价的 (证明类似于函数情形).

第四章

Gödel 编号系统的性质

1. 编号集

我们从一个例子开始. 考虑一个确定的 Gödel 编号系统中空函数的编号集. 它是可判定的吗? 换句话说, 它能在给定 Gödel 编号系统中函数的编号后判定该函数是否为空吗?

在试图回答这个问题之前, 注意到问题的答案不依赖于 Gödel 编号系统的选择. 事实上, 任何两个不同的 Gödel 编号系统是可以互相 "归约" 的: 给定一个编号系统中函数的编号, 就能够算法地得到另一个编号系统中同一个函数的编号. 如果用一个编号系统能够检测出函数是否为空, 那么应用 "转换函数", 我们就能在另一个编号系统中同样做到.

下面这个定理说明我们问题的答案是否定的.

定理 20. *令 U 为任意的 Gödel 通用函数. 那么使得函数 U_n 为空函数的所有编号 n 的集是不可判定的.*

证明. 我们使用的方法称为 "归约法". 它的思路是如果问题中的集是可判定的, 那么任何可数集也一定是可判定的. (如我们所知, 这是不正确的.)

令 K 为任意的可数不可判定集. 考虑下面的二元可计算函数

V:

$$V(n,x)=\begin{cases}0, & \text{如果 } n\in K,\\ \text{无定义}, & \text{如果 } n\notin K.\end{cases}$$

第二个变量并未真正用到, 所以, 实质上 V 是集 K 的半特征函数. 显然函数 V 有两类截面: 对于 $n\in K$, 截面 V_n 是零函数, 而对于 $n\notin K$, 它是空函数.

既然 U 是 Gödel 通用函数, 必存在全可计算函数 s, 对所有的 n 和 x 都有 $V(n,x)=U(s(n),x)$, 也就是 $V_n=U_{s(n)}$. 于是, 对于 $n\in K$, 值 $s(n)$ 是零函数的 U- 编号, 而对于 $n\notin K$, 值 $s(n)$ 是空函数的 U- 编号. 因此, 如果空函数的 U- 编号集可由一个确定的算法判定, 我们可将这个算法用到 $s(n)$, 找出数 n 是否属于 K. 而这就意味着 K 是一个可判定集, 与假设矛盾. ■

特别地, 我们断言在任何 Gödel 编号系统中空函数都有无穷多个编号 (因为任何有限集都是可判定的).

再者, 空函数的编号集不仅是不可判定的, 它还是不可数的. 事实上, 它的补集, 即有非空值域的所有函数的编号集都是可数的. (这不仅对 Gödel 编号系统, 而且对任何可计算的编号系统都是对的: 我们可以对所有的 n 和 x 并行地计算 $U(n,x)$, 只要 $U(n,x)$ 被至少一个 x 定义, 就打印 n.) 然而, 由 Post 定理 (第一章第 4 节) 知道, 如果一个不可判定集的补集是可数的, 那么这个集本身是不可数的.

现在来证明更一般的命题, 它有时被称为 Rice-Uspensky 定理. $\mathcal{F}$ 表示所有的一元可计算函数类.

定理 21. 令 $\mathcal{A}\subset\mathcal{F}$ 是可计算函数的任意一个非平凡性质 (“非平凡” 的意思是既有函数满足这个性质, 也有函数不满足这个性质; 也就是说集 $\mathcal{A}$ 非空但不与 $\mathcal{F}$ 重合). 令 U 为 Gödel 通用函数. 那么, 对于一个给定 U- 编号的可计算函数不可能算法地确定它是否具有性质 $\mathcal{A}$. 换句话说, 集 $\{n\,|U_n\in\mathcal{A}\}$ 是不可判定的.

证明. 不失一般性, 可设空函数属于 $\mathcal{A}$ (空函数记为 ζ). 令 ξ 为

$\mathcal{F}\backslash\mathcal{A}$ 中的任意一个函数. (如果 $\zeta \notin \mathcal{A}$, 则集 $\mathcal{A}$ 可换成它的补集.)

现在, 重复前述定理的证明, 只是在本证明中将零函数换成函数 ξ: 对任何可数而不可判定的 K, 可设

$$V(n,x)=\begin{cases}\xi(x), & \text{如果 } n\in K,\\ \text{无定义}, & \text{如果 } n\notin K.\end{cases}$$

V 是可计算的 (对任何给定的 n 和 x, 可数集 K, 待 n 出现时计算 $\xi(x)$). $n \in K$ 时, 函数 V_n 等于 ξ; $n \notin K$ 时, 它即为 ζ, 因此, $V_n \in \mathcal{A}$ 当且仅当 $n \notin K$, 我们猜想定理的陈述是错误的. 按照前述的论证可以得出性质 $V_n \in \mathcal{A}$ 是算法地可判定的 (给定 n), 因此可以检查出编号 n 属于或不属于集 K, 但这对于我们所取的 K 是不可能的. ■

这个证明的缺点是它的非对称性 (在 $\mathcal{A}$ 内和 $\mathcal{A}$ 外所选的函数有所不同, 一个是空函数, 而另一个是任意选的). 下面给出更为对称的叙述.

我们指出, 如果由 U- 编号能识别性质 $\mathcal{A}$, 那么任何两个不相交的可数集 P 和 Q 都能由可判定集分离. 任意选定 “在 $\mathcal{A}$ 不同边的” 两个函数 ξ 和 η. 考虑函数

$$V(n,x)=\begin{cases}\xi(x), & \text{如果 } n\in P,\\ \eta(x), & \text{如果 } n\in Q,\\ \text{无定义}, & \text{如果 } n\notin P\cup Q.\end{cases}$$

这个函数是可计算的: 任意给定 n 和 x, 直到 n 在 P 或 Q 中出现时, 我们分别计算 $\xi(x)$ 或 $\eta(x)$.

如果 $n \in P$, 则 V_n 等同于 ξ; 如果 $n \in Q$, 则 V_n 等同于 η. 因此, 只要检查 V_n 是否属于类 $\mathcal{A}$, 就能可判定地将 P 从 Q 中分离出来. 但这与定理 13 矛盾, 于是就完成了对证明更为对称的叙述.

第二个证明显示它支持定理更强的表述: 对于任何两个不同的可计算函数 φ 和 ψ 以及 Gödel 通用函数 U, 函数 φ 的所有 U- 编号的集不能用一个可判定集从 ψ 的 U- 编号集中分离出来. (稍后可以看到这两个集都是不可数的.)

现在容易构造一个非 Gödel 的可计算通用函数的实例了. 只要能保证空函数仅有一个编号就够了, 而这并不难. 令 $U(n,x)$ 为任意的可计算通用函数, 考虑所有具有非空值域的函数的所有 U- 编号的集 D, 正如我们已经说过的那样, 这个集是可数的. 考虑一个全可计算函数 d 来对 D 计数: $D=\{d(0),d(1),\ldots\}$. 再考虑函数 $V(i,x)$, 其中 $V(0,x)$ 对任何 x 都没有定义, 而有 $V(i+1,x)=U(d(i),x)$. 换言之, 函数 V_0 是空函数, 而函数 V_{i+1} 与 $U_{d(i)}$ 相同. 易见, 函数 V 是可计算的; 由构造可知, 它是通用的而空函数仅有的 V- 编号是 0.

事实上还有更为奇妙的编号系统: 正如 Friedberg 指出的那样, 可以构造一个通用的可计算函数使得任何可计算函数都恰有一个编号. 显然, 这样的编号系统不可能是 Gödel 的. Friedberg 定理有一个措辞奇特的表达: 可以发明一个编程语言使得每个编程问题都有唯一解. 定理的证明太难, 我们从略; 可参考 Friedberg 的论文 (Journal of Symbolic Logic **23** (1958), 309–318) 或 A. I. Mal'tsev 的书 "Algorithms and Recursive Functions" [6].

关于可数集编号系统类似的命题也成立.

2. 旧函数的新编号

Rice-Uspensky 定理说明在 Gödel 编号系统中任何特定函数的编号集是不可判定的, 因而是无限的. 现在我们来证明一个更强的事实: 在 Gödel 编号系统中给定任意函数的一个编号, 就能得到同一函数的任意多个其他编号. 这可以形式地表述如下:

定理 22. *令 U 为 Gödel 通用函数. 存在一个全二元函数 g 使得对任何 i, 函数值 $g(i,0),g(i,1),\ldots$ 是函数 U_i 的不同的 U- 编号.*

证明. 为了证明这个定理, 我们构造另一个编程语言使得任何给定的函数 U_i 都有无限多个程序. 于是, 应用 U 是 Gödel 函数这个事实, 转换这些程序就得到函数的 U- 编号了. 当然, 特别注意要保证得到无限多个不同的 U- 编号. (例如, 如果我们的编程语言允许注释, 那就容易构造同一函数的无限多个程序了. 不过, 这对我们并没有多大的帮助, 因为 U- 编号的转换可能从删除注释开始, 这样我们就需要更深一层的构想.)

可如下进行, 令 h 是任意函数, 我们来说明存在一个算法可以找到函数 h 的无限多个不同的 U- 编号. (这个定理告诉我们不仅对单个的特定函数 h 能做到, 而且对所有的函数 U_i 都能 "对 i 一致地" 做到; 我们暂时忽略这个问题.)

令 P 为一个可数而不可判定的集, 考虑可计算函数

$$V(n,x)=\begin{cases} h(x), & \text{如果 } n\in P,\\ \text{无定义}, & \text{如果 } n\notin P.\end{cases}$$

V_n 中只有两个不同的函数: 如果 $n\in P$, 则 $V_n=h$; 如果 $n\notin P$, 则 V_n 就是空函数 ζ, 我们从 $h\neq\zeta$ 开始 ($h=\zeta$ 的情形需要更复杂的结构, 放到后面再考虑).

既然 U 是 Gödel 通用函数, 即存在转换函数 s 将 V- 编号转换成 U- 编号, 也就是

- $n\in P\Rightarrow U_{s(n)}=V_n=h$;
- $n\notin P\Rightarrow U_{s(n)}=V_n=\zeta$.

于是, 若 $p(0),p(1),\ldots$ 是对集 P 的可计算枚举序列, 那么所有的编号 $s(p(0)),s(p(1)),\ldots$ 就是函数 h 的 U- 编号. 我们指出集 $\{s(p(0)),s(p(1)),\ldots\}$ 是无限集 (因此, 可以计算 $s(p(0)),s(p(1)),\ldots$ 直到有新的尚未用过的函数 h 的编号出现).

假设不是这种情形, 而集 $X=\{s(n)\,|n\in P\}$ 是有限的, 那么 X 可判定. 如果 $n\in P$, 由构造应有 $s(n)\in X$; 如果 $n\notin P$, 则 $s(n)$ 是函数 ζ 的一个编号而且不属于 X (记得由所设 $h\neq\zeta$). 因此, $n\in P$ 当且仅当 $s(n)\in X$, 于是 X 的可判定性蕴涵了 P 的可判定性, 这与假设矛盾.

然而, 在 $h=\zeta$ 时上述推理不成立. 虽然这种情形下 $s(p(0))$, $s(p(1)),\ldots$ 是 h 的编号, 但却无法保证这无限多个编号两两不等. 为此将采用更精细的论证, 而且考虑不同于 ζ 的任何可计算函数 ξ

(例如, 可设对所有的 n 都有 $\xi(n)=0$). 考虑两个可数的不可分集 P 和 Q 以及可计算函数

$$V(n,x)=\begin{cases} h(x), & \text{如果 } n\in P,\\ \xi(x), & \text{如果 } n\in Q,\\ \text{无定义}, & \text{如果 } n\notin P\cup Q. \end{cases}$$

令 s 是 V- 编号转换成 U- 编号的映射, 那么

- $n\in P\Rightarrow U_{s(n)}=h$;
- $n\in Q\Rightarrow U_{s(n)}=\xi$;
- $n\notin P\cup Q\Rightarrow U_{s(n)}=\zeta$.

如前, $s(p(0)),s(p(1)),\ldots$ 仍是函数 h 的编号. 我们指出, 若 $h\neq\xi$, 则编号 $s(p(0)),s(p(1)),\ldots$ 的集 X 是不可判定的 (因而是无限的). 事实上, 若集 X 可判定, 则可用一个可判定集将 P 从 Q 分离, 也就是说, 集 $\{n\,|\,s(n)\in X\}$ 包含 P (由结构可知) 且不与 Q 相交 (既然对于 $n\in Q, s(n)$ 是函数 ξ 的编号; 因此, $s(n)$ 不可能属于 X).

这样我们就有了两个构造方法, 它们都能得到给定函数 h 的其他的编号. 第一个在 $h\neq\zeta$ 一定成功 (即产生无限多个新编号), 第二个是在 $h=\zeta$ 时有效. 然而, 我们预先并不知道是否有 $h=\zeta$. 我们能做什么呢? 让我们并行地使用两个构造方法直到它们中的一个产生出期望的新编号; 我们知道它们都不会永远产生无效的结果 (即其他函数的编号), 而且它们中至少有一个会成功, 虽然不知道是两个中的哪一个.

这让我们可以对于给定的 i (对 i 一致地) 生成第 i 个函数的新编号. 作为形式的表述, 考虑由下述关系式定义的两个可计算二元函数 V_1 和 V_2:

$$V_1([i,n],x)=\begin{cases} U(i,x), & \text{如果 } n\in P,\\ \text{无定义}, & \text{如果 } n\notin P, \end{cases}$$

$$V_2([i,n],x)=\begin{cases}U(i,x), & \text{如果 } n\in P,\\ 0, & \text{如果 } n\in Q,\\ \text{无定义}, & \text{如果 } n\notin P\cup Q\end{cases}$$

(这里 P 和 Q 是固定的可数的不可分离集, $[u,v]$ 是数对 $\langle u,v\rangle$ 在固定的数对的可计算编号系统中的编号). 既然 U 是 Gödel 通用函数, 就能找到可计算的全函数 s_1 和 s_2 使得 $V_1([i,n],x)=U(s_1([i,n]),x)$ 和 $V_2([i,n],x)=U(s_2([i,n]),x)$. 令 p 为全一元函数, 且有 $P=\{p(0),p(1),\ldots\}$. 所求的函数 g 可如下定义: $g(i,k)$ 是序列

$$s_1([i,p(0)]),s_2([i,p(0)]),\ s_1([i,p(1)]),s_2([i,p(1)]),\\ s_1([i,p(2)]),s_2([i,p(2)]),\ldots$$

中的第 k 个编号 (无重复计数). ■

3. Gödel 编号系统的同构

上面证明的生成新编号的命题将成为 Rogers 定理的证明的关键, Rogers 定理说的是: 任意两个 Gödel 编号系统都是同构的. 下面是定理的精确陈述.

定理 23. *令 U_1 和 U_2 是两个通用于一元可计算函数类的 Gödel 通用函数. 存在两个互逆的全可计算函数 s_{12} 和 s_{21} 使得*

$$U_1(n,x)=U_2(s_{12}(n),x)\quad \text{和}\quad U_2(n,x)=U_1(s_{21}(n),x)$$

对任意 n 和 x 成立.

这个定理指出我们可以选择互逆的转换函数把一个 Gödel 编号系统归约为另一个或者反过来, 于是任意两个 Gödel 编号系统的不同就只是编号的可计算排列的不同了.

注意到定理 22 可由 Rogers 同构定理得出. 事实上, 对某个 Gödel 编号系统, 例如, 从特定的编程语言得到的编号系统, 容易获

得同一个函数的任意多个程序 (采用加注释, 空语句, 哑变量等等); 因为同构, 对任意其他的 Gödel 编号系统也同样可以做到.

证明. 我们按照证明没有第一个也没有最后一个元素的可数稠密良序集同构的思路一步步构建所要的双射. 第 k 步在自然数集的两个有限 k 元子集间建立起确定的一一对应

$$a_1 \leftrightarrow b_1, a_2 \leftrightarrow b_2, \ldots, a_k \leftrightarrow b_k.$$

其中对于每个 i, 这个结构中的数 a_i 和 b_i 是同一个函数在不同编号系统中的编号 (编号系统 U_1 中的第 a_i 个函数等于编号系统 U_2 中的第 b_i 个函数).

在构造过程的每一步我们都添加一个新的数对 $a_k \leftrightarrow b_k$ 用以保持上述性质. 我们同时把两边所有的自然数结合起来, 从而得到所要的一一对应; 这是可计算的, 因为我们的结构就是可计算的.

那么如何添加数对呢? 我们交替地进行两个步骤, 在偶数步时我们取还没有在一一对应的左边即 a_i 中出现过的最小的自然数为 u, 这个 u 是一个确定的函数的 U_1- 编号. 既然 U_2 是一个 Gödel 编号系统, 就一定能找到同一函数的 U_2- 编号, 把它记为 v. 如果 v 没有出现在编号 b_i 中, 我们就把 $u \leftrightarrow v$ 添到对应中去. 如果 v 已经出现在结构之中了, 应用定理 22 可以获得同一函数的其他 U_2- 编号直到新编号出现 (与 b_i 中的任何一个均不同的编号).

在奇数步时类似地进行, 只是不必从最小数开始, 只要还没有在 b_i 中出现过即可. ■

给程序设计者的注记 (不是很严格的): 既然 Pascal 和 C 可以作为 Gödel 编号系统, 由所证明的上述定理可知, 并非只存在从 Pascal 到 C 或者反过来的转换函数, 而是有互逆的转换函数. (证明的主要部分, 对定理 22 的引用, 实际上在这里并没有真正用到. 不过, 在 Pascal 和 C 两者中, 都能在程序内加上注释, 因此可以建立所需的许多等价程序.)

可数集的 Gödel 编号系统也有类似的定理: 任何两个这样的编号系统是同构的 (编号的可计算排列不同). 证明相似; 首先必须说

明从 Gödel 编号系统中一个集的一个编号能够算法地获得同集的任意多个编号. 这可由两个方法做到: 一个是用非空集; 另一个是用空集.

问题 33. 完成这个论证.

4. 函数的可数性

我们已经看到 (定理 21) 函数所有的 (非平凡) 性质是不可判定的. 但其中有一些是可数的 (意指具有这个性质的所有函数的所有编号集是可数的). 例如, 有非空值域函数的性质 (见上面的讨论). 另一个例: 性质 "$f(200)$ 有定义且等于 2".

所有可数的性质都可用十分简单的方式来描述, 这种描述是建立在许多定义之上的.

自变量值和函数值均为自然数的函数, 如果它的值域是有限的, 则被称为模式. 换句话说, 模式是一个有限的数对 $\langle$ 自变量, 函数值 $\rangle$ 的表, 其中所有自变量值均不相同.

模式可看作构造对象 (可用二进制串、自然数等等来编码), 因而可以讨论模式的可判定集、模式的可数集等等.

对于每个模式 t, 考虑作为 "t 的一个扩展" 的函数的性质, 即所有作为 t 的扩展的 (可计算) 函数的集 $\Gamma(t)$. [注意到集 $\Gamma(t)$ 构成所有可计算函数集的一个拓扑基底.] 易见, 对于任何 t 和任何可计算编号系统 U, $\Gamma(t)$ 中所有函数的所有编号的集是可数的. 事实上, 我们可以对所有的 n 和 x 并行地计算 $U_n(x)$ 的值, 一旦累积的数据能让我们断定 $U_n \in \Gamma(t)$, 立即打印数 n. (由于模式 t 的值域是有限的, 如果确有 $U_n \in \Gamma(t)$, 经过有限步骤必可发现这个事实.)

令 T 为模式的任意集合, 把作为 T 中模式扩展的所有可计算函数的集记为 $\Gamma(T)$, 即集 $\Gamma(t)$ 的并, 其中 $t \in T$. 现在, 如前所述, 可以给出可数性的一个描述.

定理 24. (a) 令 T 为模式的任意可数集, U 为所有一元可计算函数类的可计算通用函数. 那么 $\Gamma(T)$ 中所有函数的 U- 编号集是可

数的. (b) 令 U 为 Gödel 通用函数 (对所有一元可计算函数类), $\mathcal{G}$ 是这个类的子集, 如果类 $\mathcal{G}$ 中的所有函数的 U- 编号集 $\{n\,|U_n \in \mathcal{G}\}$ 是可数的, 那么对某些模式的可数集 T 有 $\mathcal{G}=\Gamma(T)$.

例如, 有非空值域的函数类 (如上所述) 对应于所有非空模式集 (例如, 值域中有一个元素的所有模式的集). 而性质 “$f(200)=2$” 对应于由一个数对组成的模式 $\langle 200,2\rangle$.

证明. 语句 (a) 易得: 计算 $U(n,x)$ 的全部的值并平行地枚举 T 中所有的模式; 一旦找出函数 U_n 之一是 T 中一个模式的扩展, 就打印 n.

更为重要的是语句 (b), 其中用到了问题中的编号系统是 Gödel 的这个事实, 我们需要两个引理.

引理 1. 如果可计算函数 h 是类 $\mathcal{G}$ 中的可计算函数 g 的扩展, 那么, 函数 h 也必属于类 $\mathcal{G}$.

引理 2. 如果可计算函数 g 属于类 $\mathcal{G}$, 那么 g 必为 $\mathcal{G}$ 中某个模式 h 的扩展, 即函数 $h\in\mathcal{G}$, 它的值域是有限的.

[这两个引理合在一起意味着任何可数的性质 $\mathcal{G}$ 在上面的拓扑描述中是开的.]

我们来说明定理中的语句 (b) 如何从这些引理中导出. 注意到类 $\mathcal{G}$ 中的所有模式的集 T 是可数的. 既然 U 是 Gödel 函数, 从一个构造对象 (即从数对 $\langle$ 自变量, 函数值 $\rangle$ 的序列) 的模式应能计算它的 U- 编号. (形式地, 考虑函数 $\langle t,x\rangle\mapsto$ (点 x 处模式 t 的值) 并应用 Gödel 通用函数的定义.) 因此, 集 T 是类 $\mathcal{G}$ 中所有函数全部 U- 编号的可数集的原像, 因而 T 本身也是可数的.

引理 1 和引理 2 保证了 $\mathcal{G}=\Gamma(T)$. 事实上, 由引理 1, $\Gamma(T)$ 中的任何函数都是 $\mathcal{G}$ 中一个模式的扩展, 故应属于类 $\mathcal{G}$. 另一方面, 引理 2 保证了 $\mathcal{G}$ 中的任何函数 g 都是 $\mathcal{G}$ 中模式的扩展 (因此必来自 T), 故有 $g\in\Gamma(T)$.

还需要证明引理 1 和引理 2. 假设与引理 1 相反, 有一个函数 g 它属于类 $\mathcal{G}$, 但它有一个扩展 h 不在这个类中. 我们取一个可数但不可判定集 K 并考虑下面这个二元函数:

$$V(n,x)=\begin{cases} h(x), & \text{如果 } n\in K,\\ g(x), & \text{如果 } n\notin K.\end{cases}$$

它是可计算的. 事实上, 容易发现它的图像是 g 与 $\mathbb{N}$ 相乘的图像和 h 与 K 相乘的图像的并, 故而是可数的. 换句话说, 计算 $V(n,x)$, 开始于 K 的枚举过程, 并且 (与这个过程并行) 计算 $g(x)$ 和 $h(x)$. 如果 $g(x)$ 的计算完成 (这时 h 是 g 的一个扩展, 不论 n 是否在 K 中都没问题), 或者 $h(x)$ 的计算完成 (这时检查出 n 在 K 中) 都会得出结果.

既然 U 是 Gödel 函数, 就存在具有下述性质的全函数 s:

- $n\in K\Rightarrow U_{s(n)}=h\Rightarrow U_{s(n)}\notin\mathcal{G}$;
- $n\notin K\Rightarrow U_{s(n)}=g\Rightarrow U_{s(n)}\in\mathcal{G}$.

因此, K 的补集就是 $\mathcal{G}$ 中所有函数全部编号可数集在可计算映射 s 下的原像. 由定理 5, 这个补集是可数的. 这是一个矛盾, 从而完成了引理 1 的证明.

引理 2 可类似地证明. 假设 (与引理相反) 函数 g 属于类 $\mathcal{G}$, 但它的有限部分都不属于这个类. 考虑函数

$$V(n,x)=\begin{cases} g(x), & \text{如果对 } K \text{ 枚举 } x \text{ 步后, } n \text{ 仍不出现},\\ \text{无定义}, & \text{如果 } n \text{ 出现了}.\end{cases}$$

容易看到, 对于 $n\notin K$, 函数 V_n 与 g 相同, 因而它属于 $\mathcal{G}$, 反之, 对于 $n\in K$, 函数 V_n 是函数 g 的有限部分, 因而它不属于 G. 于是, 像引理 1 一样完成了证明. ■

第五章

不动点定理

1. 不动点与等价关系

定理 25. 令 U 为一元可计算函数类的 Gödel 通用可计算函数, h 为任意的一元全可计算函数. 于是存在一个数 n 使得 $U_n = U_{h(n)}$, 即 n 和 $h(n)$ 是同一个函数的编号.

换句话说, 不可能找出一种程序的算法, 它可把每个程序变换成另一个与它不等价的程序. 这个定理称为 *Kleene* 不动点定理或者递归定理.

证明. 我们将用到没有全可计算扩展的可计算函数的构造 (第二章).

考虑自然数集上的一个任意的等价关系 (表示为 $x \equiv y$). 我们指出这个关系如下的两个性质不能同时成立:

- 对于任意的可计算函数 f, 存在全可计算函数 g 是它的 $\equiv$- 扩展 (这意思是如果 $f(x)$ 对某个 x 有定义, 则必有 $g(x) \equiv f(x)$).
- 存在全可计算函数 h, 它没有 $\equiv$- 不动点 (即对所有的 n, 都有 $n \not\equiv h(n)$).

定理 10 和不动点定理都是这个命题的推论. 事实上, 如果 $x \equiv y$ 是相等关系 ($x = y$), 那么第二个性质成立 (例如, 取 $h(n) = n+1$); 因此, 第一个性质不成立, 于是我们得知存在一个可计算函数 f, 它

没有可计算的 $\equiv$- 扩展. 为得到不动点定理, 我们将 $x \equiv y$ 解释成关系 $U_x = U_y$ (x 和 y 是同一个函数的编号). 在这种情形下, 我们来说明第一个性质成立; 因而第二个性质不成立.

第一个性质为什么成立呢? 令 f 为任意的 (部分) 一元可计算函数. 考虑函数 $V(n,x) = U(f(n),x)$. 既然 U 是 Gödel 通用函数, 那么对所有的 n 和 x, 都能找到一个全函数 s 使得 $V(n,x) = U(s(n),x)$, 这个函数正是要求的 $\equiv$- 扩展. 事实上, 如果 $f(n)$ 有定义, 则 $s(n)$ 就是具有 U- 编号 $f(n)$ 的函数的另一个 U- 编号. (注意, 如果 $f(n)$ 没有定义, 则 $s(n)$ 就是完全无定义函数的编号之一.)

要想完成不动点定理的证明, 还得证明上面的两个等价性质是互斥的, 这可以根据定理 9 来做到 (第二章第 2 节). 取可计算函数 f 使得无论何处都没有可计算函数和它不同 (例如, 对角函数 $x \mapsto U(x,x)$, 对任何可计算通用函数 U). 设存在函数 f 的全可计算 $\equiv$- 扩展 g, 而相反, 还存在没有 $\equiv$- 不动点的全可计算函数 h. 考虑函数 $t(x) = h(g(x))$, 于是 t 与 f 处处不同. 事实上, 如果 $f(x)$ 有定义, 则 $f(x) \equiv g(x) \not\equiv h(g(x)) = t(x)$, 因此, $f(x) \neq t(x)$. 如果 $f(x)$ 没有定义, 则它本身就能把 $f(x)$ 从 $t(x)$ 分辨出来. 这与函数 f 的选取相矛盾, 因此完成了证明. ■

不动点定理可以重新表述如下:

定理 26. 令 $U(n,x)$ 为通用于一元可计算函数类的 Gödel 可计算通用函数, $V(n,x)$ 为任意的可计算函数, 则函数 U 和 V 必在某个截面上重合: 存在数 p, 对于任意的 n 都有 $U_p = V_p$, 或 $U(p,n) = V(p,n)$.

证明. 既然 U 是 Gödel 函数, 我们必能找到全可计算函数 h, 对所有的 n 和 x 都有 $V(n,x) = U(h(n),x)$, 剩下的事情就是取 p 作为函数 h 的不动点了. ■

(这里有一个定理推论的例: 对无论怎样有创造力的程序设计者, 尽管他做出了编译程序的两个文本, 结果都是一个程序在两个文本中表现为同一方式, 例如, 两者都将进入循环. 只有一种可能来创建 “完全不相容文本”. (这样就没有程序会在两个文本中表现为同一方式), 即构造一个不是 Gödel 通用函数的编译程序. 事实上, 我们的程序设计者获得了成功, 但仅当由编译程序确定的函数不是 Gödel 通用的才行. 当然, 再难人们总是要进行尝试!)

更详细地追踪不动点的构造过程是有教益的. 为了容易把握, 我们用 $[n](x)$ 代替 $U(n,x)$, 并将这个记号读做 “将程序 n 应用到输入 x 的结果”.

论证从考虑 “对角” 函数 $U(x,x)$ 开始, 现在可以写作 $[x](x)$ (将程序 x 应用到自身的结果). 然后构造它的全 $\equiv$- 扩展, 进行如下. 表达式 $[[x](x)](y)$ 可计算地依赖于两个变量, 记住 U 是 Gödel 通用函数, 找一个程序 g 可用于任何 x 使得对所有的 x 和 y 都有 $[[g](x)](y) = [[x](x)](y)$. 我们来找程序 h 的不动点, 考虑复合函数 $[h]([g](x))$, 它可计算地依赖于 x. 故存在程序 t, 对所有的 x 都有 $[t](x) = [h]([g](x))$. 这个程序是 h 和 g 复合而成的, 故可用于所有的 x, 于是 $[g](t)$ 是不动点. 事实上, 必须验证对所有的 x 都有 $[[g](t)](x) = [[h]([g](t))](x)$. 由 g 的定义, 有 $[[g](t)](x) = [[t](t)](x)$, 再由 t 的定义可将右边改写为 $[[h]([g](t))](x)$, 而这正是我们要的.

2. 打印程序文本的程序

下面的推论是不动点定理的经典应用: 存在打印自身文本的程序 (对任意的输入). 事实上, 如果这样的程序不存在, 则映射

$$p \mapsto \text{(任意输入时打印 } p \text{ 的程序)}$$

将没有不动点.

这个推论可以形式地表述如下:

定理 27. 令 $U(n,x)$ 是所有一元可计算函数类的 Gödel 通用可计算函数, 必存在一个数 p 对所有的 x 都有 $U(p,x) = p$.

让我们用程序员的语言叙述如下. 令 $U(p,x)$ 为 Pascal 程序 p 应用到标准输入 x 所得结果. (精确地描述: (1) 把数字和字节的有限序列视为同一; (2) 如果程序永不终止, 我们就假定它的结果无定义, 即使赋给标准输出一些东西也一样.) 显然, 函数 U 是 Gödel 通用函数, 将上面的定理用到这个函数, 我们看到有一个程序 p 不论输入什么, 它都输出 p.

上面提及的 Pascal 程序设计语言与其他语言一样好: 无论如何, 论证为真.

问题 34. 证明存在一个 Pascal 程序从后往前打印它自身的程序文本.

问题 35. 说明存在两个不同的 Pascal 程序 P 和 Q, 程序 P 打印程序 Q 的文本, 而程序 Q 打印程序 P 的文本. (如果不要求 P 和 Q 不同, 那么可取同一程序打印程序文本.)

现在来具体地写出打印自身文本的 Pascal 程序. (对编程爱好者来说是一个很好的练习.) 我们先用文字语言写出一个非形式的结构:

> 把下面的文本打印两次, 第二次用引号括起来: “把下面的文本打印两次, 第二次用引号括起来:”

用 Pascal 来写需要某些额外的技巧, 但概念是清楚的: 一串常量用了两次. 下面是这个程序的一个版本:

```
program selfprint;
var a:array[1..100]of string;i:integer;
begin
a[1]:='program selfprint;';
a[2]:='var a:array[1..100]of string;i:integer;';
a[3]:='begin';
a[4]:='for i:=1 to 3 do writeln(a[i]);';
a[5]:='for i:=1 to 11 do begin';
```

```
a[6]:='  write(chr(97),chr(91),i);';
a[7]:='  write(chr(93),chr(58),chr(61));';
a[8]:='  writeln(chr(39),a[i],chr(39),chr(59));';
a[9]:='end;';
a[10]:='for i:=4 to 11 do writeln(a[i]);';
a[11]:='end.';
for i:=1 to 3 do writeln(a[i]);
for i:=1 to 11 do begin
  write(chr(97),chr(91),i);
  write(chr(93),chr(58),chr(61));
  writeln(chr(39),a[i],chr(39),chr(59));
end;
for i:=4 to 11 do writeln(a[i]);
end.
```

阅读程序时, 记住下列符号与其编码间的关系是有用的.

a	[	]	:	=	'	;
97	91	93	58	61	39	59

这个程序容易修改成从后往前打印自身的文本: 在结尾处打印文本的命令 `write` 和 `writeln` 要换成写入一个文件 (或数组) 的命令, 然后再换成反向打印文件或数组的命令.

再加一些步骤就能证明不动点定理. 设 h 是 Pascal 程序的一个变换, 我们来找出它的不动点. 写出一个与上面打印自身文本的程序相似的程序串 p, 应用 h 到 p 得到另一个串 q, 对 q 作出 Pascal 解释程序 ("非直接的标准输入到程序 q 的输入"). 当然, 这个程序相当长, 因为它包含用 Pascal 语言写的 Pascal 解释程序 (而且是两次, 第一次是直接的, 而第二次放在引号里面).

显然, 这个程序是变换 h 的一个不动点: 它从计算程序文本的 h 值开始, 然后这个值作为一个程序用于输入.

事实上, 这个证明是前述证明的一个直接译本 (前述证明是 "数学家版本", 而后一证明是同一证明的 "程序设计者版本").

3. 系统的技巧: 另一个证明

如果几个不同程序设计语言专家比赛写最短的打印自身文本的程序, 那么很可能是下面这个极小的 BASIC 程序获胜:

```
10 LIST
```

因为 BASIC 语言有一个命令, LIST, 它能从程序内发出打印自身文本的命令.

这是个玩笑话, 但是读者可以严肃对待这个玩笑并且把它的理念用到不动点定理的另一个证明中去 (精确点说, 用到同一个证明的另一个版本中去).

首先, 注意到对选定的 Gödel 编号系统, 它满足了证明定理的需要. 事实上, 如果另有一个 Gödel 编号系统允许一个函数没有不动点, 那就是说, 存在一个方法能把每个程序转换为一个不等价的程序, 那么再转换回来, 就应该在第一个编号系统中也能找到相似的方法 (而对于这个编号系统来说已经假定定理是证明了的).

现在考虑一个程序语言, 除了标准结构之外, 它还有一个嵌入过程:

```
GetProgramText (var s: string)
```

这个过程把初始程序的文本放进串 s 中了. 虽然这个理念平常很少用, 但却能想象出这个语言的解释程序, 而且过程的解释并不难, 因为解释程序一定能获得程序文本. 我们来进行另一个步骤并想象这语言也包含过程:

```
ExecuteProgram(s: string)
```

这个过程转换控制到文本在串 s 中的那个程序, 假定它取得初始程序的输入. 显然, 这种情形下应当做出解释程序: 按串 s 和输入数据必须递归地访问自己.

这个加强的程序设计语言一定可以翻译成通常的语言 (既然它有解释程序), 也可以翻译回来 (既然不必应用新的结构). 因此, 它指定的可计算函数的编号系统必是 Gödel 编号系统. 令 h 为全可计算函数, 我们想要找出它的不动点. 考虑用我们的语言计算函数 h

的程序:

```
function Compute_h (x: string) : string;
begin
  ...
end;
```

(这里甚至不需要语言的扩展.) 我们来写出程序 FP, 它就是函数 h 的一个不动点:

```
program FP;
  var s: string;
  function Compute_h (x:string) : string;
  begin
    ...
  end;
begin
  GetProgramText (s);
  s := Compute_h (s);
  ExecuteProgram (s);
end.
```

执行程序 FP 时, 会立刻去执行函数 h 用于 FP 所得的程序, 这说明它是一个不动点结构.

问题 36. 令 h 为恒等函数, 即有 $h(x) = x$. (于是, 任何程序都是它的不动点.) 那么, 由上面描述的方法构造出的程序是什么样的? (答案: 这个程序对任何输入都循环.)

我们已经阐明如何在一种语言中附加过程 "获得程序文本" 从而证明不动点定理. 然而, 也可以逆转我们的推理来阐明为什么不动点定理的应用可以取代这个附加的过程.

设有程序 p, 它含有访问 `GetProgramText(s)`. 将这一行换成赋值句 `s :=`t, 其中 t 是串常量. 这样, 我们得到一个依赖于 t 的新程序, 记为 $p(t)$. 由不动点定理, 存在一个 t 值使得程序 t 和 $p(t)$ 等价. 对于这个 t, 执行程序 t 等价于执行当 `GetProgramText(s)` 被访问时将程序 t 的文本代入串 `s` 所得的文本.

现在就比较明白为什么不动点定理也称为递归定理了, 事实上, 递归就是由程序本身访问它自己组成的. 不过, 我们的结构和通常的递归访问之间有个重要的区别: 我们不仅访问程序, 而且甚至存取了它的正文! 由于我们能访问正文的解释过程, 通常的访问实际上只不过是存取正文的一种特殊情形. (当然, 要做到这点, 就必须在程序中包含着编写好的程序语言解释程序的正文.)

4. 几点附注

不动点的无穷集. 定理 25 (不动点定理) 确定了至少一个不动点的存在. 事实上, 容易理解不动点集是无穷的: 定理的记法表明有无穷多个数 n 使得 $U_n = U_{h(n)}$.

可以这样解释: 如果只有有限多个不动点, 我们就可以在这些点处改变函数 h, 从而清除掉所有的不动点. 然而, 这个论证使我们不能有效地生成不动点 (来确认给定函数 h 的不动点的无穷可数集). 这也可以从定理 25 的证明中得到解释, 证明中不动点转换为值 $[g](t)$; 而函数 g 可以选成使得它的值总是大于事先指定的任何数 (定理 22).

问题 37. 完成这个论证.

不动点定理的参数版. 如果一个程序转换器可计算地依赖于一个参数, 那么我们一定地能选取不动点可计算地依赖于这个参数. 这个表述的精确意义可由下面的定理讲清楚.

定理 28. 令 U 为一元可计算函数类的 Gödel 通用函数, h 是一个二元全可计算函数, 则必有一个一元全可计算函数 n 给每个 p 指定函数 h_p 的一个不动点, 使得 $U_{h(p,n(p))} = U_{n(p)}$, 或者, 换言之,

$$U(h(p, n(p)), x) = U(n(p), x)$$

对所有的 p 和 x 都成立 (通常, 两边可能同时无定义).

证明. 我们已经看到不动点能够构造出来，因此如果运用我们的构造系统得到函数 h_p (可计算地依赖于参数 p) 的一个不动点，那么构造的结果也将可计算地依赖于 p.

证明中略去了形式化的细节; 完成这些细节相当容易但却不能使证明更清楚明白. ■

在这个定理中我们假定函数 h_p 族是由全函数组成的. 实际上，这是不必要的. 因为对于任意一个可计算函数 h_p 的可计算族而言 (换言之，对于任意一个二元可计算函数 h 而言)，存在一个具有下列性质的一元全可计算函数 n: 对于每个 p，或者在点 $n(p)$ 处 h_p 无定义，或者 $n(p)$ 是函数 h_p 的一个不动点.

问题 38. 验证在定理 28 的证明中构造的函数 $n(p)$ 有这个性质. (可以用 h 的 $\equiv$- 扩展，其中 $p \equiv q$ 代替了 $U_p \equiv U_q$.)

问题 39. 结合上面的附注，说明对于任意的可计算函数 h (对固定的 Gödel 通用函数则由其编号确定)，能够有效地找出无穷多个自然数，其中每个数或者是函数 h 的不动点，或者在该点处函数无定义.

可数集的不动点. 相似的命题对可数集的 Gödel 编号系统也是正确的. 例如，可以证明如果 W 是 Gödel 通用可数集，则任何可数全函数 h 均有不动点 n 使得 $W_n = W_{h(n)}$.

事实上，如果 W 是 Gödel 通用可数集，则定理 25 的证明中的论证可应用于等价关系

$$a \equiv b \Leftrightarrow W_a = W_b,$$

因为任何可计算函数 f 都有一个全可计算 $\equiv$- 扩展.

让我们来证明这点. 考虑集合

$$V = \{\langle p, x\rangle | f(p) \text{ 有定义, 并且 } \langle f(p), x\rangle \in W\}.$$

马上看到这集是可数的 (例如，它是可计算函数 $\langle p, x\rangle \mapsto w(f(p), x)$ 的值域，其中 w 是以 W 为值域的可计算函数). 如果 $f(p)$ 有定

义, 则 $V_p = W_{f(p)}$; 如果 $f(p)$ 没有定义, 则 $V_p = \varnothing$. 注意到 W 是 Gödel 通用可数集, 我们就找到了全函数 s, 使得 $V_p = W_{s(p)}$. 因此, 当 $f(p)$ 有定义时, $W_{s(p)} = W_{f(p)}$, 证毕.

问题 40. 令 W 为 Gödel 通用集 (对自然数所有可数子集的类). (a) 说明存在数 x 使 $W_x = \{x\}$. (b) 说明存在不同的数 x 和 y, 使 $W_x = \{y\}$ 和 $W_y = \{x\}$.

应用. 不动点定理最简单 (虽然不很典型) 的应用是关于可计算函数的性质的不可判定性的定理 21 的另一个证明. 事实上, 令 $\mathcal{A}$ 为可计算函数的一个非平凡性质, 能从一个 Gödel 编号系统 U 中的函数编号加以辨认. 假设函数 U_p 满足这个性质而 U_q 不满足, 那么函数

$$h(x) = \begin{cases} q, & \text{如果函数 } U_x \text{ 有性质 } \mathcal{A}, \\ p, & \text{如果函数 } U_x \text{ 没有性质 } \mathcal{A} \end{cases}$$

是可计算的并且没有不动点.

通用集的同构. 令 U_1 和 U_2 是两个自然数对的集, 如果能找到一个可计算置换 (双射) $i : \mathbb{N} \to \mathbb{N}$, 具有下面的性质:

$$\langle x, y\rangle \in U_1 \Leftrightarrow \langle i(x), i(y)\rangle \in U_2,$$

则它们被称为可计算同构.

定理 29. 任何两个自然数可数子集类的 Gödel 通用集都是可计算同构的.

证明. 从解释这个定理和可数集 Gödel 编号系统的同构定理的区别开始 (见第四章第 3 节末尾的注). 在那个定理中, 可数置换只用于集的编号, 而没有用于集的元素. 用现在的记号, Gödel 编号系统的同构定理可以写成

$$\langle x, y\rangle \in U_1 \Leftrightarrow \langle i(x), y\rangle \in U_2.$$

注意到关于第二个变元可计算置换保持了一致性: 如果 $U \subset \mathbb{N}^2$ 是 Gödel 通用集并且 $i : \mathbb{N} \to \mathbb{N}$ 是一个可计算置换, 那么当 $\langle x, i(y)\rangle \in$

U 时, 数对 $\langle x, y\rangle$ 的集合也必是一个 Gödel 通用集. 因此, 可数集 Gödel 编号系统的同构定理 (第四章第 3 节) 蕴涵了如下的推论: 对于任何可数置换 i, 都存在一个可数置换 i' 使得

$$\langle x, y\rangle \in U_1 \Leftrightarrow \langle i'(x), i(y)\rangle \in U_2.$$

如果 i' 有幸与 i 相同, 那么 i 是所期望的置换. 但我们希望用不动点定理替换好运气. 这条路上有许多的障碍, 不过它们全都可以克服, 现在就来作出简要的解释.

首先, 必须记得关于 Gödel 编号系统的同构定理的证明, 注意到函数 i' (或者, 确切地说是它的编号) 是由函数 i 算法地构造而得. 然后, 我们想要把它用到不动点定理, 可问题是相应的结构假定了 i 是一个双射. 因此, 必须修改结构使它能用于任何可计算函数 i. 不仅如此, 还常常必须对任何可计算函数 i 给出某个双射 i'; 于是不动点就会自动地是个双射.

现在来将 Gödel 编号系统的同构定理的推广形式化, 这将由一个辅助定义来做到. 令 $I : \mathbb{N} \to \mathbb{N}$ 为任意一个函数, 我们称一个集 A 是 I-对应于集 B, 如果 $B = I(A)$ (B 是 A 在映射 I 下的像) 或者 $A = I^{-1}(B)$ (A 是 B 在映射 I 下的原像). (如果 I 是双射, 则两个性质等价.)

令 U_1 和 U_2 是两个任意可数集的 Gödel 编号系统, 而 $I : \mathbb{N} \to \mathbb{N}$ 为一个可计算函数. 那么存在一个可计算双射 $i' : \mathbb{N} \to \mathbb{N}$ 使得对于任意的 k, 在编号系统 U_1 中编号 k 的集 I- 对应于编号系统 U_2 中编号 $i'(k)$ 的集.

同构定理的推广的证明方法与定理本身的证明完全一样, 函数 i' 的编号能够有效地由函数 I 的编号得到. 这就能够按照上述计划去找出函数 I 使得 $i' = I$ (这样的 I 就是一个双射), 这正好是我们的目的. ■

问题 41. 完成这个论证.

对于 Gödel 通用函数有相似的定理.

定理 30. 令 $F_1, F_2 : \mathbb{N} \to \mathbb{N}$ 是所有一元可计算函数类的两个 Gödel 通用函数, 存在一个可计算置换 i 对任意的自然数 x, y 和 z 都有

$$F_1(x, y) = z \Leftrightarrow F_2(i(x), i(y)) = i(z).$$

问题 42. 像应用 Rogers 定理处理 Gödel 编号系统的同构那样 (定理 23) 来处理这个定理的证明.

第六章

m- 可约性与可数集的性质

1. m- 可约性

我们已经用到过下述技巧: 证明某个集合 X 不可判定 (例如, 所有有非空域的函数的所有编号集), 我们指出如果 X 是可判定的, 那么任意可数集 K 都将是可判定的. 这是由 "归约" 论证做到的: 构建一个全可计算函数 f 使得集 K 中任意一个编号 n 的从属关系均由集 X 中的编号 $f(n)$ 的从属关系来确定.

现在来详细地研究这些情况.

称自然数集 A 是 m-归约到另一个自然数集 B, 如果存在一个全可计算函数 $f:\mathbb{N}\to\mathbb{N}$, 对所有的 $x\in\mathbb{N}$ 都有

$$x\in A\Leftrightarrow f(x)\in B.$$

我们称函数 f m-归约 A 到 B. 记为: $A\leqslant_m B$.

定理 31. (a) 如果 $A\leqslant_m B$ 并且 B 可判定, 则 A 可判定. (b) 如果 $A\leqslant_m B$ 并且 B 可数, 则 A 可数. (c) $A\leqslant_m A$; 如果 $A\leqslant_m B$ 并且 $B\leqslant_m C$, 则 $A\leqslant_m C$. (d) 如果 $A\leqslant_m B$, 则 $\mathbb{N}\setminus A\leqslant_m \mathbb{N}\setminus B$.

证明. 所有这些性质差不多都是明显的. 设 $A\leqslant_m B$ 且有 B 的一个判定算法, 要查明给定的 x 是否属于集 A, 我们就计算 $f(x)$ 并且检查 $f(x)$ 是否属于 B. 换句话说, 我们能够写成 $a(x)=b(f(x))$,

其中 a 是集 A 的特征函数, 而 b 是集 B 的特征函数; 因此, 如果 b 是可计算的, 那么 a 作为可计算函数的复合也是可计算的.

对于半特征函数也可写出类似的等式; 因此, B 的可数性就蕴涵了 A 的可数性. 还可以说成: 集 A 是在可计算映射 f 下可数集 B 的原像, 因此 A 也是可数的.

显然, 恒等函数 m- 归约 A 到 A. 如果函数 f 归约 A 到 B, 而函数 g 归约 B 到 C, 则有

$$x \in A \Leftrightarrow f(x) \in B \Leftrightarrow g(f(x)) \in C,$$

于是函数 g 和 f 的复合归约 A 到 C.

最后, 任何归约 A 到 B 的函数也将归约 $\mathbb{N}\backslash A$ 到 $\mathbb{N}\backslash B$. ■

历史上, 字母 "m" 来自于表述 "多 – 一 – 可约性"; 无论如何, 如 Michael Sipser 在他的《计算论导引》(Introduction to the Theory of Computation) [14] 中建议的那样, 可以谈论 "映射可约性" 而在符号中保留字母 m.

应当提到这个定义对于关系中只有一个集合的补集是不对称的: 虽然总有 $A \leqslant_m A$, 但是并不必然有 $A \leqslant_m \mathbb{N}\backslash A$.

问题 43. 说明对一个可数的不可判定集 A 有 $A \nleqslant_m \mathbb{N}\backslash A$.

注意到集 $\varnothing$ 和 $\mathbb{N}$ 是 m- 可约性的特殊情形. 举例来说, 任何可判定集 A 可归约到任何集 B, 除非 B 是空集或者与 $\mathbb{N}$ 相同. 事实上, 如果 $p \in B, q \notin B$, 以及 A 是可判定的, 那么归约函数可建立如下:

$$f(x) = \textbf{if } x \in A \textbf{ then } p \textbf{ else } q \textbf{ fi}.$$

但是, 如果 B 是空集或与 $\mathbb{N}$ 同, 那么只有空集 (或相应的 $\mathbb{N}$) m- 可约到 B.

问题 44. 是否存在一个自然数集使得任何自然数集都 m- 可约到它?

2. m- 完全集

定理 32. 在可数集类中, 关于 m- 可约性存在着集合的极大集, 任何可数集都能 m- 归约到其中的集合.

证明. 考虑任何通用集就够了 (为了形式化, 必须用它们的编号来代替数对). 事实上, 令 $U \subset \mathbb{N} \times \mathbb{N}$ 是自然数对的可数集, 它通用于自然数可数集的类. 考虑 U 中所有数对的编号集 V (按数对的任意可计算编号系统 $\langle x, y\rangle \leftrightarrow [x, y] \in \mathbb{N}$):

$$V = \{[x, y] \,|\, \langle x, y\rangle \in U\}.$$

令 T 为任意可数集, 那么对某个 n 有 $T = U_n$, 因此

$$x \in T \Leftrightarrow x \in U_n \Leftrightarrow \langle n, x\rangle \in U \Leftrightarrow [n, x] \in V,$$

因而函数 $x \mapsto [n, x]$ 归约 T 到 V. ■

关于 m- 可约性的可数集的极大集被称为 m- 完全集 (更严格地称为可数集类的 m- 完全集).

注意, 如果 $K \leqslant_m A$, 其中 K 和 A 是可数集, 且 K 是 m- 完全集, 则 A 也必为 m- 完全集 (由可传递性).

Gödel 通用集的对角集也是 m- 完全集:

定理 33. 令 $U \subset \mathbb{N} \times \mathbb{N}$ 为可数集类的 Gödel 通用集, 则它的"对角截线" $D = \{x \,|\, \langle x, x\rangle \in U\}$ 是 m- 完全集.

(特别地, 所有自可用程序集是 m- 完全集.)

证明. 显然, D 是可数的. 令 K 为任意可数集, 考虑数对可数集 $V = K \times \mathbb{N}$, 它的截线 V_n 或者是空集 ($n \notin K$ 时), 或者与全集 $\mathbb{N}$ 重合 ($n \in K$ 时).

既然 U 是 Gödel 集, 必有一个全可计算函数 s 使得 $V_n = U_{s(n)}$. 换句话说, 当 $n \in K$ 时 $U_{s(n)}$ 与 $\mathbb{N}$ 重合, 当 $n \notin K$ 时则是空集. 因而, 当 $n \in K$ 时 $s(n) \in U_{s(n)}$ (因而 $s(n) \in D$), 当 $n \notin K$ 时 $s(n) \notin U_{s(n)}$ (因而 $s(n) \notin D$), 于是 s 归约 K 到 D. ■

问题 45. 证明在输入 0 时即终止的所有程序的集合是 m- 完全集. 证明至少在一次输入后终止的所有程序的集合是 m- 完全集.

问题 46. 令 M 为一个 m- 完全可数集. 试说明存在一个算法将任意全函数 h 的任意编号转换为整数 n 使得 $(n \in M) \Leftrightarrow (h(n) \in M)$. (提示: 本质上, 这个语句是某个等价关系的不动点定理.)

3. m- 完全性与有效不可数性

算法理论能 "构造" 出各种不同的定义. 例如, 考虑无穷集的定义. 什么是一个无穷集呢? 这个集合对于任何自然数 n, 总包含至少 n 个元素. 我们说一个集是 "有效无穷的", 如果存在一个算法对于任意给定的 n 都能回送出这个集的 n 个不同的元素.

问题 47. 试说明任意集合 A 是有效无穷的当且仅当它包含一个无穷可数集 (即它不是禁集, 参见第二章第 5 节).

现在来考虑非可数性概念的有效文本. 说一个集 A 不可数的意思是什么呢? 简单地说就是 A 不同于任何可数集. 所以很自然地把一个集称为有效非可数的, 如果对于任意的可数集我们都能指出一个 "地方" 不同于 A, 即有一个自然数严格地只属于两个集合之一.

更加形式化一点, 固定一个 Gödel 通用可数集 W (因而有一个可数集的编号系统: 任何自然数 n 都被看作集 W_n 的一个编号). 我们说集 A 是有效不可数的, 如果存在一个全可计算函数 d 使得对所有的 z 都有 $d(z) \in A \triangle W_z$. (其中 $\triangle$ 表示对称差; 换句话说, $d(z)$ 是 A 不同于 W_z 的一个点.)

注意到这个性质不依赖于 Gödel 通用集的选择, 因为我们能够有效地从一个相关的集的编号过渡到任何其他集的编号.

有效不可数性可以用 m- 可判定性的语言来刻画. 我们从下面简单的观察结果开始.

定理 34. *如果 $A \leqslant_m B$ 并且 A 是有效不可数的, 则 B 也是有效不可数的.*

证明. 这个定理是定理 31(*b*) 的 "有效文本", 它的证明也成立. 假设我们要找出一个点, 在那里 B 与给定的可数集 X 不同. 考虑把 A m- 归约到 B 的函数 f. 在可计算映射 f 下, 可数集 X 的原像 $f^{-1}(X)$ 也是可数的; 因此, 能够找到一个点 m, 在那里它不同于 A, 于是在点 $f(m)$ 处, B 不同于 X.

完成这个论证还必须证明可以有效地从可数集 X 的一个编号得到可数集 $f^{-1}(X)$ 的一个编号. 这个证明必须包含应用 *Gödel* 编号系统这个事实: 我们将沿着用它们的编号来计算两个可计算函数复合的编号的思路来证明 (定理 16). 下面是详细过程.

考虑可数集

$$V = \{\langle x, y\rangle \,|\, \langle x, f(y)\rangle \in W\},$$

其中 W 是定义编号系统的 Gödel 通用集. 而集 V 作为可数集 W 在可计算映射 $\langle x, y\rangle \mapsto \langle x, f(y)\rangle$ 下的原像也是可数的. 容易看到 $V_n = f^{-1}(W_n)$. 既然 W 是 Gödel 通用集, 必存在一个全可计算函数 s 对所有的 n 都有 $W_{s(n)} = V_n = f^{-1}(W_n)$. 换句话说, 函数 s 在映射 f 下把任意可数集的 W- 编号映射到它的原像的 W- 编号. 即证. ■

定理 35. *存在这样的可数集, 它有有效不可数补集.*

证明. 再一次考虑对角集 $D = \{n \,|\, \langle n, n\rangle \in W\}$, 它的补集是有效不可数的. 事实上, 集 W_n 和 D 在点 n 处并无不同 (两者同时包含或不包含 n), 故 W_n 与 D 的补集在点 n 处不同, 由此, D 的补集是有效不可数的: 我们能将函数 d 引入有效不可数性的定义, 从而简化恒等函数. ■

前述两个定理显然蕴涵了下面的命题.

定理 36. *任意 m- 完全可数集的补集是有效不可数的.*

事实上, 如下述定理显示的, 它的逆命题也真.

定理 37. 令 K 为可数集, A 为有效不可数集, 则有 $\mathbb{N}\backslash K \leqslant_m A$ (或者等价地, $K \leqslant_m \mathbb{N}\backslash A$).

证明. 这里真正考虑的只不过是有效区分 A 与下列两个可数集的能力: 空集与全集 $\mathbb{N}$. 区分 A 与空集意味着确定 A 中一个元素; 区分 A 与自然数全集意味着确定一个元素在 A 之外. 我们的归约建立在这两点注意之上. 形式化地考虑集 $V = K \times \mathbb{N}$. 它的截线 V_n 或者是空集 (当 $n \notin K$ 时), 或者与 $\mathbb{N}$ 重合 (当 $n \in K$ 时). 应用 W 是 Gödel 集这个事实, 就找到了一个全函数 s 使得当 $n \notin K$ 时有 $W_{s(n)} = \varnothing$, 而当 $n \in K$ 时有 $W_{s(n)} = \mathbb{N}$. 令 d 是保证集 A 有效不可数性的函数, 则当 $n \notin K$ 时有 $d(s(n)) \in A$, 而当 $n \in K$ 时有 $d(s(n)) \notin A$. 换句话说, 函数 d 和 s 的复合把 $\mathbb{N}\backslash K$ 归约到集 A, 证毕. ■

于是, 我们就有了下面的推论.

定理 38. 一个可数集是 m- 完全集当且仅当它的补集是有效不可数的.

定理 39. 一个集是有效不可数的当且仅当某些 (另一版本是: 任何) m- 完全集的补集可 m- 归约到这个集.

注意, 并不是所有的不可数集都是有效不可数的. 这可由下面的事实推出.

定理 40. 任何有效不可数集都包含一个无穷可数子集 (也就是, 非禁集).

证明. 设 A 是一个有效不可数集, 我们能找到一个点, 在该处 A 不同于空集, 也就是 A 的一个元素. 然后区别于这个元素构成的一元集来得到另一个 A 的元素. 照此下去, 我们就可以算法地找到任意多个两两不同的元素.

这个推理无疑用到了下面的事实: 对于列出其元素而给定的有限集, 可以在一个可数集的 Gödel 编号系统中获得这个集的 (某个) 编号. 为什么它是真的呢? 固定某个有限集的可计算编号系统, 把这个编号系统中的第 n 个有限集记为 D_n, 则 D_n 就是可数 (甚至是可判定) 集

$$D = \{\langle n, x\rangle \,|x \in D_n\}$$

的第 n 条截线. 剩下的事情就是应用可数集的 Gödel 编号系统的定义了. ■

这个定理表明单集 (由定理 14 可知其存在) 是可数集而不是 m- 完全集. 事实上, 单集概念的引入的原因正是: Post 在寻找可数的、不可判定的但不是 m- 完全集的例子.

4. m- 完全集的同构

在本节中我们要证明所有的 m- 完全集 "都有同样的结构", 相互间仅有可计算置换的区别.

定理 41. 令 A 与 B 是 m- 完全可数集, 那么存在一个可计算置换 (可计算的一一对应) $f : \mathbb{N} \to \mathbb{N}$ 把 A 映射到 B, 即对所有的 x 都有 $x \in A \Leftrightarrow f(x) \in B$.

证明. 我们将采用证明 Gödel 编号系统同构的 Rogers 定理时用过的技巧 (见第四章第 3 节). 作为开始, 先证明下面的引理.

引理. 令 A 为 m- 完全可数集, 则可以从任何自然数 n 算法地得到任意多个另外的自然数, 它们都 A- 等价于 n (我们称 k 和 l 为 A- 等价, 如果或者 $k \in A$ 且 $l \in A$ 或者 $k \notin A$ 且 $l \notin A$).

引理的证明. 如前面所做的那样将采用两种方法获得新编号, 它们 A- 等价于给定的编号 n. 如果 $n \in A$, 采用其中一种方法就会奏效 (给出一个新编号), 如果 $n \notin A$, 则采用另一种方法. 我们需要用两种方法处理, 这是由于预先并不知道实际发生的情况是两种可能性

中的哪种 (甚至无法找出是哪种).

第一种方法: 令 P 为可数的不可判定集, 考虑一个数对的可数集 $A\times P$. 既然 A 是 m- 完全集, 它就 m- 可归约到 A. (可归约性定义本是用来处理自然数集而不是数对集的, 但这通常不是问题, 因为可以用它们的编号来代替数对.) 换句话说, 存在着两个自然数变量的全可计算函数 f, 它有下面的性质:

$$f(n,m)\in A\Leftrightarrow (n\in A)\quad 且\quad (m\in P).$$

特别地, 对于 $m\in P$, 编号 n 与 $f(n,m)$ 是 A- 等价的. 因此, 把 P 排成一个可计算序列 $p(0),p(1),\ldots$ 就能够计算编号 $f(n,p(0)),f(n,p(1)),\ldots$ 得到新的编号, 它们都是 A- 等价于 n 的.

设 $n\in A$, 我们来说明用这个方法得到的编号集 X 是无穷的 (这种情形下这些编号也全属于 A). 如果 $m\in P$, 那么 $f(n,m)\in X$ (由 X 的构造可知), 而如果 $m\notin P$, 那么 $f(n,m)\notin X$ (既然这时 $f(n,m)\notin A$ 且 $X\subset A$). 于是函数 $m\mapsto f(n,m)$ 将不可判定集 P 归约到集 X; 因此, X 是不可判定的, 因而也是无穷的.

现在我们来描述第二种方法, 它用于 $n\notin A$ 的情形. 取两个可数的不可分集 P 和 Q, 考虑可数数对集 $(A\times P)\cup(\mathbb{N}\times Q)$, 把它归约到 A 的函数记为 f. 这意味着 $f(n,m)\in A$ 当且仅当 ($n\in A$ 且 $m\in P$) 或者 $m\in Q$. 如前所述, 对于 $m\in P$, 编号 n 和 $f(n,m)$ 是 A- 等价的, 于是就可以再考虑 $f(n,p(0)),\ f(n,p(1)),\ldots$; 剩下的只要说明 (对于 $n\notin A$) 这个序列包含着无穷多不同的项.

假设这不真, 而这个序列所有项的集合 X 是有限的. 由假设, X 与 A 不相交, 注意到如果 $m\in P$ 则有 $f(n,m)\in X$ (由它的结构); 如果 $m\in Q$ 则有 $f(n,m)\notin X$ (既然这种情形下 $\langle n,m\rangle$ 属于我们的数对的可数集, 而且 $f(n,m)$ 属于 A). 于是, 在映射 $m\mapsto f(n,m)$ 下集 X 的原像将 P 从 Q 中分离. 而这个原像是可判定的 (作为有限集, X 是可判定的, 问题中的映射又处处有定义并且可计算), 然而由我们的假设集 P 和 Q 是不能被一个可判定集分离的.

于是我们描述了两种产生新编号的方法, 这些新编号都 A- 等价于给定编号. 两种方法的并行应用必然给出想要的结果. 这就完成了引理的证明. ■

现在假设 A 和 B 是两个 m- 完全可数集, 我们来证明它们相互间仅有一个自然数可计算置换的区别. 首先一步步构造出这个置换. 在第 k 步, 我们有一一对应

$$a_1 \leftrightarrow b_1, a_2 \leftrightarrow b_2, \ldots, a_k \leftrightarrow b_k$$

使得对所有的 i 都有 $a_i \in A \Leftrightarrow b_i \in B$. 偶数步时, 取不在对应的左边出现的数中的最小者, 应用 A 到 B 的 m- 归约性即可找到这数的对应数, 而引理允许我们选择的对应数也不出现在右边. 奇数步时, 从右到左同样进行.

最后, 这个过程就产生出把 A 和 B 联系起来的可计算置换.■

就算法理论而言, 两个集相互间仅有一个可计算置换的区别, 它们就具有相同的性质. 因此, 上面证明的定理说明在本质上仅有一个 m- 完全可数集 (或者, 等价地, 仅有一个可数集有有效的不可数补集).

5. 产生集

在本节中我们应用不动点定理来得出一个乍看起来是十分意外的结果: 如果只限于考虑集 A 的 (可数) 子集, 那么集 A 有效不可数性的定义将不改变.

指定可数集的某个 Gödel 编号系统 (编号为 n 的集记为 W_n). 一个集 A 被称为产生集, 如果存在一个可计算函数 f (不必是全函数) 有下面的性质: 对于使 $W_n \subset A$ 的任意的 n, $f(n)$ 的值有定义并且 $f(n) \in A \backslash W_n$.

问题 48. 证明一个产生集不可能是禁集.

显然, 产生集定义中的要求只是有效不可数集定义中的一部分, 因此, 任何有效不可数集都是产生集. 然而, 让我们惊异的是它的

逆命题也真.

定理 42. 令 A 为产生集, 而 K 为一个任意的可数集, 则 K 的补集 m- 归约到 A.

(如前所见, 这时 A 是有效不可数的.)

证明. 令 f 为产生集定义中的函数 (它产生一个在给定编号的子集之外的元素).

构造一个全可计算函数 s, 它有下列性质:

- $x \notin K \Rightarrow W_{s(x)} = \varnothing$;
- $x \in K \Rightarrow W_{s(x)} = \{f(s(x))\}$.

(第二个性质蕴涵着 $x \in K$ 时 $f(s(x))$ 有定义.) 在应用不动点定理继续构造之前, 我们应当注意到在第一种情形中 $f(s(x))$ 也有定义且属于 A: 既然编号为 $s(x)$ 的集是空集, 而空集是 A 的子集, 那么数 $f(s(x))$ 必然是 A 的一个元素. 反之, 在第二种情形中 $f(s(x))$ 不属于 A. 事实上, 假设 $f(s(x)) \in A$, 那么集 $W_{s(x)}$ 就是 A 的子集; 因此, 数 $f(s(x))$ 是 A 的一个元素而不属于这个子集, 可是它确实属于这个子集.

因此, 假如我们构造出这样一个函数 s, 那么函数 $x \mapsto f(s(x))$ 就是一个全可计算函数, 如定理中说明的那样, 它把集 K 的补集 m- 归约到集 A. 那么, 如何构造 s 呢?

如果在第二个性质中 (这时 $x \in K$), 我们用 $f(x)$ 代替 $f(s(x))$ 就没问题了. 如通常那样, 这时可以考虑数对的可数集

$$V = \{\langle x, y\rangle \,|\, x \in K \quad 且 \quad y = f(x)\};$$

这个集的截线即为所要的形式, 我们仅仅必须用到编号系统是 Gödel 的这个事实. 回到我们当前的目标, 我们发现 $f(s(x))$ 在第二个性质的右边, 正如关于鸡和鸡蛋的经典问题那样, $s(x)$ 需要构造 V, 而 V 需要构造 $s(x)$.

这正是可在不动点定理帮助下克服的难题. 我们来构造一个二元全可计算函数 h, 它有下列性质:

- $x \notin K \Rightarrow W_{h(x,t)} = \varnothing$;
- $x \in K \Rightarrow W_{h(x,t)} = \{f(t)\}$.

(已经多次运用类似的方法, 最近一次就在前一节. 注意到 $f(t)$ 可能没有定义, 这时 $\{f(t)\}$ 意思是空集.) 由 (可数集的) 不动点定理, 对每个 x, 函数 $t \mapsto h(x,t)$ 有一个不动点, 正如在带参数的不动点相关章节中提到的那样, 这个不动点能够可计算地依赖于 x 进行选择. 于是存在全可计算函数 s 对所有的 x 都有

$$W_{s(x)} = W_{h(x,s(x))}.$$

这个等式可扩展如下:

$$W_{s(x)} = W_{h(x,s(x))} = \begin{cases} \varnothing, & \text{如果 } x \notin K, \\ \{f(s(x))\}, & \text{如果 } x \in K, \end{cases}$$

这正是我们所要的. 注意, 值 $f(s(x))$ 对所有 x 都有定义 (如果它无定义, 则 $W_{s(x)} = \varnothing$, 但 $f(s(x))$ 此时必可由产生集的定义来确定). 因而不动点定理产生了和谐的 "蛋 – 鸡" 对. 证毕. ■

一个可数集, 若它的补集是产生集, 就被称为创造集. 这个名称来源于下述事实, 这样一个集 (精确地说是它的补集) 比任何算法过程都更有创造力: 无论采用哪种在补集中生成元素的方法, 我们都能在补集中找出一个元素不能用这种方法获得.

如我们所看到的, 创造集、具有有效不可数补集的可数集以及 m- 完全集构成相同的类, 类中的任意两个集仅仅区别于一个可计算置换.

产生集的元素可由下述归纳过程产生. 我们从空集开始, 对它应用产生函数 (即产生集定义中的那个函数) 就得到某个元素, 它组成一个元素的子集, 对这个子集应用产生函数又可得到另一个元素, 再对这个两个元素的子集应用产生函数又得到新元素, 如此继续下去就可得到产生集元素的无穷可计算序列. (证明一个有效不可数集包含着一个无穷可数子集时, 我们已经这样做了.) 但还没有完, 这个归纳过程可以 "超限地" 继续下去: 给定我们的产生集

的一个可数子集 (序列所有项的集), 可以找到产生集的另外一个元素 (叫作第 ω 个元素). 把它加到序列中去, 再应用产生函数得到第 $(\omega+1)$ 个元素等等; 如此继续下去就得到了一个新的序列, 然后有第 $(\omega\cdot 2)$ 个元素, 第 $(\omega\cdot 3)$ 个元素, $\cdots\cdots$, 第 ω^2 个元素, 等等.

当然, 不可能得到一个算法来枚举一个产生集 (因此它也是不可数集).

问题 49. 不用不动点定理 (以及定理 42), 说明对于任何产生集 A 都存在一个全可计算函数 f 使得 $W_n \subset A$ 蕴涵着 $f(n) \in A\backslash W_n$. (提示: 如定理 41 的引理的证明中那样 W_n 和空集交替进行.)

6. 不可分集的对

本节要系统地阐述关于不相交的可数集对的若干结果, 这些结果是平行于已经证明的关于 m- 完全性、产生性、有效不可数性和 m- 完全集的同构等定理的.

令 A 和 B 为 (自然数的) 两个不相交的集, 我们记得, 如果没有可判定集既包含其中之一又与另一个不相交, 就说它们是不可分的. 这个定义可形式地重述如下: 如果 W_x 和 W_y 是两个分别包含 A 和 B 的不相交可数集, 则并集 $W_x \cup W_y$ 不可能包含所有的自然数. (如果设 W 为 Gödel 通用集, 还可以方便地用 W_x 和 W_y 表示可数集.)

现在这个定义的有效性版本应怎样形式化就变得清楚了. 我们说不相交的集 A 和 B 是*有效地不可分*, 如果存在一个可计算函数 h 使得若 $A \subset W_x$, $B \subset W_y$ 并且 $W_x \cap W_y = \varnothing$, 则 $h(x,y)$ 有定义而且 $h(x,y) \notin W_x \cup W_y$.

不可分性定义还能用稍为不同的方式来形式化: 没有全可计算函数 φ_n 在集 A 的任一点等于零以及在集 B 的任一点等于 1. (假设 φ 是 Gödel 通用函数.) 相应地, 有效性文本改成: 集 A 和 B 是*强有效不可分的*, 如果存在一个全可计算函数 h, 对任意的 n 都返回一个点 $h(n)$, 在该处函数 φ_n"出错". 可能有三种类型的错误:

(1) $\varphi_n(h(n))$ 无定义, (2) $h(n) \in A$, 但 $\varphi_n(h(n))$ 不等于零, 或者 (3) $h(n) \in B$, 但 $\varphi_n(h(n))$ 不等于 1.

问题 50. 说明强有效不可分性蕴涵有效不可分性 (证明我们术语的合法性).

逆命题也真, 但它的证明比较复杂, 稍后我们再来说它.

强有效不可分的可数集真的存在吗? 我们看到标准对角构造会产生这样一对集合, 即集合 $\{x\,|\varphi_x(x)=1\}$ 和 $\{x\,|\varphi_x(x)=0\}$, 对于它们可以取恒等函数作为函数 h.

问题 51. 验证这点.

由集合与对之间的相似性, 可定义对的 m- 可归约性的概念, 进一步我们有了两种版本. 令 $\langle A,B\rangle$ 和 $\langle C,D\rangle$ 是两对不相交的可数集 ($A\cap B=C\cap D=\varnothing$). 如果有全可计算函数 f 使得 $f(A)\subset C$ 并且 $f(B)\subset D$, 我们就说 f 把 $\langle A,B\rangle$ m- 归约到 $\langle C,D\rangle$.

问题 52. (a) 说明如果 f 把 $\langle A,B\rangle$ 归约到 $\langle C,D\rangle$ 并且 C 可由一个可判定集与 D 分离, 那么 A 也同样可由一个可判定集与 B 分离. (b) 说明如果 f 把 $\langle A,B\rangle$ 归约到 $\langle C,D\rangle$ 并且对 $\langle A,B\rangle$ 是有效不可分的, 那么对 $\langle C,D\rangle$ 也必定是有效不可分的. (c) 说明如果 f 把 $\langle A,B\rangle$ 归约到 $\langle C,D\rangle$ 并且对 $\langle A,B\rangle$ 是强有效不可分的, 那么对 $\langle C,D\rangle$ 也必定是强有效不可分的.

附加条件使可归约性定义变得更强: 对于 $x\notin A\cup B$ 都有 $f(x)\notin C\cup D$ (换句话说, f 必须同时将 A 归约到 C 和将 B 归约到 D). 这时我们就说 f 把对 $\langle A,B\rangle$ 强归约到对 $\langle C,D\rangle$.

现在可以定义不相交可数集的对的 m- 完全性和强 m- 完全性了, 只需要求任意不相交可数集的对是 m- 可归约 (强 m- 可归约) 到给定的那一个.

问题 53. 说明如果一个对是强有效不可分的, 那么它就是强 m- 完全的. (提示: 令对 $\langle A,B\rangle$ 是强有效不可分的, 而 $\langle K,L\rangle$ 是任意不相交可数集的对. 对于任意自然数 x 可以构造具有下列性质的可计算函数 ψ_x: 如果 $x \in K$, 那么 ψ_x 是全函数, 只在有限多个点处不为 1, 而且它们全在 A 中; 如果 $x \in L$, 那么 ψ_x 是全函数, 只在有限多个点处不为 0, 而且它们全在 B 中; 如果 $x \notin K \cup L$, 那么 ψ_x 在 A 上为 0 而在 B 上为 1. 要构造这个函数, 可以枚举 K 和 L, 发现元素 x 在这些集中之一时, 就将形如 $\langle a, 0\rangle$ 和 $\langle b, 1\rangle$ 的对添加到 ψ_x 的图形中去; 一旦上述情形发生, 我们就宣称在所有其余点处 ψ_x 为相应的常数 (0 或 1). 剩下来就是运用 Gödel 编号系统 φ 以及 A 与 B 的强有效不可分性的性质了.)

问题 54. 说明任意 m- 完全对是强有效不可分的. (提示: 存在强有效不可分对并且可归约到习题中的对.)

由这些习题的陈述可知 m- 完全性、强 m- 完全性和强有效不可分性的性质等价. 还可以证明看起来比较弱的有效不可分性的性质实际上也和它们等价, 它的证明类似于定理 42 (它建立了任何创造集的 m- 完全性). 注意到有效不可分性与强有效不可分性之间的差别差不多和产生性与有效不可数性的差别是一样的.

问题 55. 令 $\langle A, B\rangle$ 为不相交集合的有效不可分对, 说明它是强 m- 完全的. (提示: 令 K 与 L 为任意不相交的可数集, 而 h 是 (集 A 与 B 的) 有效不可分性定义中的函数. 运用不动点定理构造具有下述性质的全可计算函数 $x(n)$ 和 $y(n)$: (1) 如果 $n \in K$, 那么 $W_{x(n)} = A$, $W_{y(n)} = B \cup \{h(x(n), y(n))\}$; (2) 如果 $n \in L$, 那么 $W_{x(n)} = A \cup \{h(x(n), y(n))\}$, $W_{y(n)} = B$; (3) 如果 $n \notin K \cup L$, 那么 $W_{x(n)} = A$, $W_{y(n)} = B$. 说明 $n \in K$ 时, 值 $h(x(n), y(n))$ 有定义且属于 A; $n \in L$ 时, 值 $h(x(n), y(n))$ 有定义且属于 B; $n \notin K \cup L$ 时, 值 $h(x(n), y(n))$ 有定义且在 $A \cup B$ 之外.)

因此, 上述的四个性质是等价的. 运用类比法还可以说明任意两个有效不可分集的对是同构的; 最后, 作为先决条件, 我们必须学会对于有效不可分集的对怎样获得任意多个数 “等价于” 一个给定的数.

更准确地说, 设 A 与 B 是不相交的集. 两个数有下列三种情形之一就说这两个数是 $\langle A,B\rangle$-等价的: 它们均属于 A; 它们均属于 B; 或者它们均不属于 $A\cup B$. (这样我们就有三个等价类: 集 A, 集 B 以及剩余元素组成的集.)

问题 56. 令 $\langle A,B\rangle$ 为可数集的强 m- 完全对, 说明从任意数 k 可以算法地得到许多两两不同的数, 它们都 $\langle A,B\rangle$- 等价于 k. (提示: 与定理 22 和定理 41 的引理的证明类似.)

问题 57. 令 $\langle A_1,B_1\rangle$ 和 $\langle A_2,B_2\rangle$ 为两个可数集的强 m- 完全对, 它们在下述意义下可计算同构: 存在一个可计算置换 (双射) $i:\mathbb{N}\to\mathbb{N}$ 使得 $i(A_1)=A_2$ 以及 $i(B_1)=B_2$. (提示: 与定理 23 和定理 41 的证明类似.)

第七章

Oracle 计算

1. Oracle 机

如果集 B m- 可归约到可判定集 A, 那么集 B 也是可判定的. 再者, 即使 A 是不可判定的, 但我们访问了 A 的一个 "oracle 函数", 它回答关于集 A 中数的从属关系的问题, 那么我们就能用它来回答关于集 B 中数的从属关系的问题. 事实上, 如果 f 是归约函数, 而我们想要确认某个数 x 是否属于 B, 只要问 oracle 函数 $f(x)$ 是否属于 A 就可以了.

显然, m- 可归约性只在颇为有限的方式下应用 oracle 函数的潜能: 首先, 只问一个问题; 第二, 这个问题的答案只被看作关于集 B 中数 x 的从属关系这个最初问题的答案. 这里有个不很适当的例子: 对集 A 给定一个 oracle 函数能回答集 $B=\mathbb{N}\setminus A$ 中数的从属关系问题. 如前, 只问和回答一个问题, 但问题的答案被逆转了. 另外一个例子: 对集 A 给定一个 oracle 函数, 我们就能回答集 $B=A\times A$ 中自然数对的从属关系问题. (这里的 oracle 函数必须问两个问题.)

因此, 我们自然想要寻找集 B 到集 A 的可归约性的更为一般的定义. 如果存在一个算法判定集 B 用一个 "oracle 函数" 回答了集 A 的问题, 我们就说集 B 可归约到集 A. 另一种表述: 存在一个算法访问外部函数 `a(x:integer):boolean`; 如果访问到 `a(x)` 则返

回表达式 “$x \in A$” 正确的值 (也就是, 如果 $x \in A$ 则返回 `true`, 如果 $x \notin A$ 则返回 `false`), 这个算法就判定了集 B. 若 B 可归约到 A, 我们也说 B 是 A-可判定的.

这种可归约性称为 Turing 可归约性, 或 T- 可归约性. 记号: $B \leqslant_T A$ 的意思是 B Turing 可归约到 A. 这里有几个 T- 可归约性的简单结果:

定理 43. (a) 如果 $B \leqslant_m A$, 则 $B \leqslant_T A$. (b) 对任意 A, 均有 $A \leqslant_T \mathbb{N}\backslash A$. (c) 如果 $A \leqslant_T B$ 且 $B \leqslant_T C$, 则 $A \leqslant_T C$. (d) 如果 $A \leqslant_T B$ 且 B 可判定, 则 A 可判定.

证明. 这些命题几乎都是自明的. 例如, 我们来解释命题 (c), 设有一个对于 A 的算法, 它含有访问 B 的外部判定过程, 同样的有一个对于 B 的算法, 它含有访问 C 的外部判定过程, 于是, 我们可用第二个算法替换访问外部 B- 过程, 从而得到一个对 A 的判定算法, 它用了访问 C 的外部判定过程. ■

注意到一个不可数集可以 T- 可归约到可数集. (这在 m- 可归约性是不可能的.) 例如, 可数的不可判定集 K 的补集可归约到 K.

我们定义了 A- 可判定集的概念, 还可以用相似的方式定义 A-可计算函数的概念: 函数 f 是 A- 可计算的, 如果存在算法 M (可访问一个 oracle 函数), 当这些访问由 A-oracle 函数做出了正确的回答时计算 f. 记得这就意味着如果 $f(x)$ 有定义, 则算法停止并在输入 x 时返回 $f(x)$, 如果 $f(x)$ 没有定义, 算法不会停止. 在这种情况下 (部分) 函数 f 被称为相对于 A 可计算或者 A- 可计算.

在可归约性定义中外部函数只取两个值 (“yes” 和 “no”), 这个限制是非本质的. 令 $\alpha : \mathbb{N} \to \mathbb{N}$ 为任意全函数, 我们就可以论及相对于 α 可计算的函数; 计算它们的算法含有对函数 α 的访问. 然而, 正如下面的定理显示的, 这并没有给我们带来任何新东西.

定理 44. 部分函数 f 相对于一个全函数 α 可计算当且仅当它相对于函数 α 的图可计算, 即相对于集 $\{\langle n, \alpha(n)\rangle \,|n \in \mathbb{N}\}$ 可计算.

证明. 事实上, 如果能访问函数 α, 就能回答 α 图中任意对的从属关系的问题. 反之, 如 oracle 那样, 采用 α 的图的判定过程, 我们对给定的 x 就能找到 $\alpha(x)$ 连续地问关于图中的对 $\langle x, 0\rangle$, $\langle x, 1\rangle, \ldots$ 的从属关系, 直到得到明确的答案为止. ■

在 α- 相对可计算性的定义中, 我们设函数 α 是全函数, 这是个基本的限制: 访问非全函数的语义不好定义. 假设我们访问 $\alpha(x)$, 结果发现在 x 处 α 无定义, 这意味着算法 "意外停机" (没有输出)? 还是可以进行并行计算在得到答案 $\alpha(x)$ 之前产生一个结果呢? 能要求函数 α 有几个并行的值吗? 例如由下式定义的函数 $f(x)$ 与 α 可计算相关吗?

$$f(x) = \begin{cases} 0, & \text{如果 } \alpha(2x) \text{ 或 } \alpha(2x+1) \text{ 有定义}, \\ \text{无定义}, & \text{其他}. \end{cases}$$

正如我们看到的存在不同的定义文本 (事实上不等价), 而每个都有缺陷. 为了避免这些问题, 我们只对全函数 α 考虑 α- 可计算性.

问题 58. 设有两个不同的集 X 和 Y, 考虑针对 X 和 Y 的访问两个 oracle 函数的程序, 函数能用这些程序来计算. 试说明这个定义实质上没有增加新东西: 存在集 Z 使得 X-Y- 可计算性与 Z- 可计算性是完全一样的.

2. 相对可计算性: 等价描述

现在来给出一个 α- 可计算函数的等价定义, 它不含 oracle 访问.

记得定义在自然数集的有限子集上而且有自然数值的函数称为模式. 模式是由一系列 ⟨ 自变量, 函数值 ⟩ 对定义的. 模式能可计算地编号; 之后就可以把模式和它的编号等同起来, 从而讨论模式的可判定集, 模式的可数集, 等等.

两个模式称为*相干的*, 如果它们的图的并是一个函数的图, 其中没有任何一个点处两者均有定义而取不同的值.

设 M 是形如 $\langle x,y,t\rangle$ 的三元组的集, 其中 x 和 y 是自然数, 而 t 是模式. 如果模式 t_1 和 t_2 相干, $x_1=x_2$, 但 $y_1\neq y_2$, 我们就说两个三元组 $\langle x_1,y_1,t_1\rangle$ 和 $\langle x_2,y_2,t_2\rangle$ 是不相容的. 如果集 M 中没有不相容的三元组就称为相容的.

令 M 为相容集, 而 α 是某个函数. 考虑所有的三元组 $\langle x,y,t\rangle\in M$, 其中 t 是 α 的一部分 (即 t 的图是 α 的图的子集). 在选定的三元组中所有模式是相干的; 因此, 既然 M 是相容的, 就不会有两个选定的三元组中第一个元素相等而第二个元素不等. 这就是说, 如果忽略选定的三元组的第三个元素, 我们就得到了某个函数的图 (通常叫作部分函数), 这个函数记为 $M[\alpha]$.

定理 45. *部分函数 $f:\mathbb{N}\to\mathbb{N}$ 对全函数 $\alpha:\mathbb{N}\to\mathbb{N}$ 相对可计算当且仅当存在一个可数三元组相容集 M 使得 $f=M[\alpha]$.*

证明. 设函数 f 由程序 p 访问外部过程 α 来计算. 对每个自然数 x, 输入 x 后, 沿着所有的路径模拟这个程序运算, 即考虑到 α 每次访问可能返回的任何值 $\alpha(n)$. 于是, 对于每个 x 可进行计算路径的树浮现出来: 对外部过程的每次访问由可数分支的一个分叉来描述. 在树的某分支上计算终止, 程序返回一个答案. 每当发现在一个分支上输入 x 产生答案 y, 就组成三元组 $\langle x,y,t\rangle$, 其中 t 是模式, 它包含了所有用于这个分支上的所有自变量和函数 α 的值.

这样得到的三元组的集 M 是可数的 (上述过程允许我们一个接一个地产生它所有的元素). 这个集不含有不相容的三元组. 事实上, 如果集内的两个三元组 $\langle x_1,y_1,t_1\rangle$ 和 $\langle x_2,y_2,t_2\rangle$ 有相同的 x, 而 $y_1\neq y_2$, 那么对于同一个输入 x 在计算树中它们对应于不同的路径. 这些路径在某点发散; 这意味着在某个步骤对同一个问题得到了不同的答案, 这些不同的答案登记到模式 t_1 和 t_2 中, 这些模式就不是相干的. 因此, 集 M 是相容的.

注意到集 M 依赖于程序 p 而不是函数 α (我们考虑的所有可能的答案都能由 oracle 程序给出, 因此在 M 的构造中没有用到 α). 现在必须验证对任何全函数 α, 函数 $M[\alpha]$ 与程序 p 把 α 当作一个

oracle 计算出的函数完全相同.

设程序 p 用 oracle α 来计算函数 f, 并且 $f(x)=y$, 即程序 p 在输入 x 时返回答案 y. 这个计算包含着对函数 α 的多次访问并且描述成上面考虑的树的某个分支, 令 t 为这个分支上所有问题和相应答案组成的模式, 那么 t 就是 α 的一个部分. 于是三元组 $\langle x,y,t\rangle$ 属于集 M, 这样 $M[\alpha](x)$ 就有定义且等于 y.

反之, 如果 $M[\alpha](x)=y$, 那么存在一个三元组 $\langle x,y,t\rangle\in M$, 其中 t 是 α 的一个部分. 这个三元组对应于计算树的某个分支, 既然 t 是 α 的一个部分, 那么 α-oracle 就沿着这个分支计算, 而程序即返回答案 y.

因此, 对任意程序 p 我们构造一个可数相容集 M, 它给出了和程序 p 相同的函数, 这就完成了 “仅当” 语句的证明.

为了证明 “当” 语句, 可设给定了相容集 M, 再构造程序 p 与 M 等价. 这个程序将与计算 α 的 oracle 一起来计算函数 $M[\alpha]$. 我们如下定义程序 p: 输入 x 就枚举集合 M 并检出第一元素为 x 的三元组. 对于每个这样的三元组 $\langle x,y,t\rangle$ 访问外部过程 (询问 oracle) 来确定 t 是否是函数 α 的一部分. 如果是, 计算终止, 程序返回答案 y; 如果不是, 继续枚举 M.

显然, 这样构造出的程序 p 可计算函数 $M[\alpha]$. ■

问题 59. 设从两个方向给出了构造: 首先, 从给定的相容集 M 构造出证明的第二部分描述的程序, 然后由这个程序开始又构造出相容集 M'. 那么这两个集 M' 和 M 会不会不同呢?

3. 相对化

给定一个全函数 α, 则可计算函数的全部理论都可以对 α “相对化”, 只需在所有的定义和命题中把可计算函数都换成 α- 可计算函数 (即函数相对于 α 可计算) 就行了. 这时, 所有前面各章的结论仍然正确, 而证明只需做很少一点改变.

特别地, 可以用下列任一个等价方式来定义相对于 α 的可数集 (或 α- 可数) 的概念: 作为 α- 可计算函数的定义域, 作为 α- 可计算函数的值域, 作为 α- 可判定集的射影 (相对于 α 可判定), 等等. 但这里还有 α- 可数集类的更加直接的描述.

令 E 为形如对 $\langle x, t\rangle$ 的任意集, 其中 x 是数, t 是模式. 取一个全函数 α 并从 E 中选出第二分量是 α 的部分的那些对; 这些对的第一分量组成一个集, 记为 $E[\![\alpha]\!]$.

定理 46. 集 X 是 α- 可数的当且仅当对某些可数集 E 有 $X = E[\![\alpha]\!]$. (注意, 这种情况并不需要像集的相容性所要求的那样的特殊条件.)

证明. 令 X 为相对于 α 可计算函数 f 的定义域, 则 $f = M[\alpha]$ 对某些可数相容集 M 成立. 从 M 的每个三元组中删去第二分量, 得到一个对的可数集; 记为 E. 易见, $E[\![\alpha]\!]$ 是函数 $M[\alpha] = f$ 的定义域, 于是 $E[\![\alpha]\!] = X$.

反之, 设对于某些函数 α 有 $X = E[\![\alpha]\!]$. 那么考虑在 E 的每个对的分量中插入 0 得到集 M, 显然, 集 M 是相容的, 而 $M[\alpha]$ 是定义在 $X = E[\![\alpha]\!]$ 上的函数, 它只取零值. ■

在通常的 (非相对性的) 算法理论中, 通用函数定理十分重要, 在相对性理论中也是这样.

定理 47. 令 α 为全函数, 存在一个二元 α- 可计算函数通用于一元 α- 可计算函数类.

证明. 和其他情形一样, 几乎不用修改就可以给出相应于非相对性定理的证明. 我们取定任意一种程序语言 (这次要包含访问外部过程) 并对访问外部过程 α 的所有程序指定编号. 现在我们就可以把函数

$$U_\alpha(i, x) = (\text{第 } i \text{ 个程序用于 } x \text{ 的结果})$$

取作通用函数. 我们用下标来强调函数 U_α 依赖于 α. 然而, 计算 U_α 的程序文本是不依赖于 α 的 (尽管它当然要访问 α).

看一下另一个证明是有意义的, 它建立在可计算性定义上而不是相容可数集上.

考虑四元组 $\langle n, x, y, t\rangle$ 的通用可数集 Z, 其中 n, x 和 y 是数, 而 t 是模式. "通用" 的意思是任一个可数三元组集都重合于某个适当的 n 对应的截面 Z_n.

Z_n 中既可能有相容的集也可能有不相容的集, 我们希望在竭力改正不相容截面的同时能使相容截面保持不变. 换句话说, 就是要构造一个新的有下列性质的可数集 Z': 首先, 所有的截面 Z'_n 必须是相容的; 第二, 若某个截面 Z_n 是相容的, 那么应当没有变化 $(Z'_n = Z_n)$.

这个构造很简单, 枚举 Z, 往 Z' 中添加时要跳过 (不要放入 Z') 形成不相容截面的元素. 于是就得到了一个可数集 Z' 通用于相容可数集类.

现在容易指定一个相容集 W 来产生一个通用 α- 可计算函数. 这就是由三元组 $\langle\langle n, x\rangle, y, t\rangle$ 组成的集 W (第一个元素是个对, 因为通用函数依赖于两个变量), 其中 $\langle n, x, y, t\rangle \in Z'$. 易见, W 是相容集. 对于给定的函数 α, 这个相容集确定了某个 α- 可计算二元函数 U_α; 它的第 n 个截面是 $Z'_n[\alpha]$, 其中 Z'_n 是集 Z' 的第 n 个截面. 因此, 任何 α- 可计算函数都是函数 U_α 的一个截面. 证毕. ■

当然, Gödel 通用函数的概念在算法相对性理论中也有一个相对应的概念: 一个二元 α- 可计算函数被称为关于一元 α- 可计算函数类的 *Gödel 通用函数*, 如果它是 α- 可计算的, 通用于一元 α- 可计算函数类, 并且对任何二元 α- 可计算函数 V 都有一个一元全 α- 可计算函数 s ("转换器") 使得对所有的 n 和 x 都有 $V(n, x) = U(s(n), x)$.

标准证明 (定理 15) 显示关于 α- 可计算函数类的 Gödel 通用函数确实存在. 再者, 我们注意到证明中构造的函数 s 不仅是 α- 可计算的, 也是可计算的 (证明的一个版本应用了形如 $x \mapsto [n, x]$ 的函数 s, 其中, 方括号表示一个固定的可计算对的编号系统, n 是固定的整数).

在这样 "强 Gödel" 编号系统中理解 α- 可计算函数的编号就更方便了. 特别地, 如果按 oracle 访问列出所有的程序 (按某个自然的次序) 并对每个程序指定它在序列中的编号, 我们就获得了一个 "强 Gödel" 编号系统.

有时候, 在谈及算法相对性理论时会用到下面的比喻. 令 A 为不可判定集, 但也许有一种地外文明会认为集 A 是可判定的, 他们只要看一眼就能直接判定数 x 是否属于集 A, 在他们的程序里这种检验是基本操作 (正如在我们的程序里比较两个数是基本操作一样). 于是, 他们全部的算法理论就自动对 A 是相对性的, 但他们并未注意到这点, 因此, 读到本书这一节时 (只读这节) 就会承认我们的定理. 再者, 他们可能也认真读了这一节中的相对性问题, 不过对他们来说也只是 B- 可计算, 而对我们来说就是 A-B- 可计算了 (靠两个 oracle 函数的帮助对 A 和 B 是可计算的).

不过也别把这个比喻太当真.

4. $\mathbf{0}'$- 计算

本节我们讨论关于 m- 完全可数集的可计算性. 任意两个这样的集可以互相 m- 归约, 更可互相 T- 归约. 因此, 如果某个函数相对于其中之一可计算, 也必定相对于另外一个可计算, 这样的函数称为 $\mathbf{0}'$-可计算的.

记得对 $\{\langle p,x\rangle \mid$ 输入 x 程序 p 终止$\}$ 的集是 m- 完全可数集, 我们可以说 $\mathbf{0}'$- 可计算函数是由解决停机问题特定的 oracle 计算的: 向这个 oracle 发送一个程序和一个输入, 它回答程序在这个输入时终止与否. (用来审查的程序是一个标准程序, 不访问 oracle.)

显然, 既然任何可数集 m- 可归约到 m- 完全可数集, 所以它们都是 $\mathbf{0}'$- 可判定的. (逆命题不真: 可数的不可判定集的补集也是 $\mathbf{0}'$- 可判定的, 但不可数.)

下面的定理给出了 $\mathbf{0}'$- 可计算函数类的简单的描述.

定理 48. (a) 令 T 为两个自然数变量的全可计算函数, 考虑第二

个变量取极限得到的函数 t:

$$t : x \mapsto \lim_{n\to\infty} T(x, n).$$

(对某个 x, 极限可能不存在, 故这个函数可能并非全函数.) 函数是 $\mathbf{0}'$- 可计算的.

(b) 任何 $\mathbf{0}'$- 可计算函数 t 都能这样由某个全可计算函数 T 以这种方式得到.

证明. (a) 令 T 为二元全可计算函数, 如果 $T(x, n) = T(x, m)$ 对给定的 x 和所有 $m > n$ 都成立, 我们就说数对 $\langle x, n\rangle$ 是稳定的. 注意到不稳定数对的集是可数的 (只要找到两个数对 $\langle x, n\rangle$ 和 $\langle x, m\rangle$ 有 $n < m$ 而 $T(x, n) \neq T(x, m)$, 就把 $\langle x, n\rangle$ 计入所有不稳定数对中), 因此, 不稳定数对的集是 $\mathbf{0}'$- 可判定的. 换句话说, $\mathbf{0}'$- 算法可以检查任何数对的稳定性.

现在来考虑计算极限函数 t 的 $\mathbf{0}'$- 算法, 一旦输入 x, 就有了下列这些数对 $\langle x, 0\rangle$, $\langle x, 1\rangle, \ldots$ 并可检查它们是否稳定. 只要检查出一个稳定的数对 $\langle x, n\rangle$, 就输出值 $T(x, n)$. 显然, $\mathbf{0}'$- 算法计算函数 t.

(b) 现在来证明逆命题. 令 t 为部分 $\mathbf{0}'$- 可计算一元函数, 必须构造一个可计算 (不用 oracle) 二元全函数 T, 对所有的 x 都有

$$t(x) = \lim_{n\to\infty} T(x, n)$$

(这意味着等式两边同时被定义, 只要有定义就相等). 我们允许函数 T 取某些附加的特殊值, 记为星号, 这个值不允许为极限值, 而 $\lim\limits_{n\to\infty} T(x, n) = a$ 的意思是对所有足够大的 n, $T(x, n)$ 的值等于 a (不等于 $\star$).

这个允许事实上是无关紧要的: 通常可用两个不同的连续项替换序列中的每个星号 (无论哪个); 于是新序列将有同样的极限 (或者如原来那个一样没有极限).

现在来定义函数 T. 由假设, 函数 t 由某个程序 p 计算, 该程序访问某个可数集 K 的特征函数, 把在前 n 步枚举时出现的 K 的

元素组成的 K 的有限子集记为 K_n. 将集 K 换成它的有限近似值 K_n, 运行程序 p 中的 n 步来计算 $T(x,n)$ 的值. 如果运行 n 步仍然没有从程序中得到回答 (这种情况的发生可能有多种原因: 时间太短, p 还不能得出结果, K_n 和 K 间的差别起了作用, 或者在 x 处 t 无定义), 那么, 我们令 $T(x,n)=\star$. 如果程序运行 n 步有了回答, 那么就把这个回答设为 $T(x,n)$ 的值 (唯一的例外稍后解释).

我们试着来证明 $t(x)=\lim\limits_{n\to\infty}T(x,n)$. 设 $t(x)$ 等于某个 a, 那么 p 执行几步以后将终止 (采用正规 oracle K), 返回答案 a. 计算中只问了 oracle 有限个问题, 因此, 把 K-oracle 换成 K_n-oracle 以后, 对于足够大的 n, 问题的答案是一样的. 如果需要, 取较大的 n 值 (为了输入 x 后超过程序 p 的总计算时间) 就可以保证这点, 对于所有更大的值, $T(x,n)$ 都等于 a.

必须指出, 如果极限存在且等于 a, 则 $t(x)=a$. 但是, 有一个附加的障碍正等着我们: 有可能在应用原来的 K-oracle 时程序 p 不终止, 而用 K_n-oracle 计算时却对每个 n 都会终止 (由于 K_n 和 K 间的差别), 偶然也会每次都返回相同的答案. 这时, $t(x)$ 无定义, 而 $\lim\limits_{n\to\infty}T'(x,n)$ 却存在, 这对我们来说很糟糕.

要想克服这个困难, 我们来修改函数 T 的定义. 即当 $T(x,n)$ 和 $T(x,n-1)$ 的计算不同 (即问了不同的问题, 或对同样的问题得到不同的回答), 从而建立了 oracle 查询逻辑时, 允许 $T(x,n)=\star$. 这并未误用前面的推理, 既然对于足够大的 n, 问题包含在 $T(x,n)$ 的计算之中且回答与原来的 K- 计算相同.

现在可以确定, 如果序列 $T(x,0),T(x,1),\ldots$ 有极限, 则 $t(x)$ 有定义. 事实上, 如果极限存在, 序列包含着有限个星号, 那么对于足够大的 n, oracle 被问到同样的问题并给出同样的回答. 这意味着这些回答是正确的, 因为 K_n 趋于 K. 因此 $p(x)$ 用 K-oracle 进行的原来的计算也会终止 (获得相同结果). ■

问题 60. 问题 14 中给出的可计算实数的定义对任何集 A 也可以是相对性的. 试说明数 α 是 $\mathbf{0}'$- 可计算的当且仅当 α 是一个可计

算有理数序列的极限.

5. 不可比集

Turing 可归约性定义 (回忆: 若集 A 在关于 B 的一个 oracle 的帮助下是可判定的, 则 A 就 Turing 可归约到 B) 可看作用来比较不同集 "困难" 的可判定性问题的一个方法. (如果 $A \leqslant_T B$, 那么集 A 的可判定性问题感觉上就会比集 B 的简单.)

很自然出现了许多关于分类的问题. 例如, 我们想要知道世界上是否存在最困难的可判定性问题, 即集 A 对任何集 B 都有 $B \leqslant_T A$. 我们马上就看到答案是否定的: A- 相对性领域有它自己的不可判定集 (甚至有 A- 可数的 A- 不可判定集), 既然它服从通常的算法理论的定律. (还可注意到既然有可数多个程序, 那么对于任何集 A, 全体 A- 可判定集族也是可数的.)

另外, 不很平凡的问题是: 任何两个集都是可比的吗? 下面这个由 Kleene 和 Post 证明的定理指明答案也是否定的.

定理 49. *存在两个集 A 和 B, 既有 $A \not\leqslant_T B$, 也有 $B \not\leqslant_T A$. 我们还可选择两个集都是 $\mathbf{0}'$- 可判定的.*

证明. 集 A 和 B 必须满足下面的条件: 没有 B-oracle 程序 (即由 B-oracle 提供的程序) 可判定集 A, 同样也没有 A-oracle 程序可判定集 B.

因此, 我们就有可数多个条件 (既然有可数多个程序). 依次处理这些条件, 一个一次, 一旦确定条件满足了就不再考虑它. 每个步骤都要固定集 A 和 B 在 $\mathbb{N}$ 的某个初始段上的动作; 这样就能断定在这一步上面考虑的所有条件是否满足. 在下一步固定 A 和 B 的初始段就要加长; 在极限处, 我们就得到了两个集 A 和 B 满足所有的条件. 整个构造是 $\mathbf{0}'$- 可计算的, 所以最后得到的集是 $\mathbf{0}'$- 可判定的.

详细地说, 任何定义在 $\mathbb{N}$ 的 (有限) 初始段上, 取值 0 和 1 的函数被称为片段. 如果 A 的特征函数扩展为 a, 就说集 A 依照片段

$a:\{0,\ldots,m\}\to\{0,1\}$ 的规则. 换句话说, 依照 a 的规则意思就是集在自然数上的动作范围不超过 m.

如果片段 a_2 扩展了片段 a_1 (即 a_2 定义在较大的段上, 而在 a_1 的定义域上与 a_1 重合), 显然, 依照 a_2 的规则对集合有更大的限制.

引理. 令 a 和 b 是两个片段, p 是包含访问外部过程的程序. 那么, 存在这些片段的扩展 a' 和 b' 有下列性质: 对于依照 a' 和 b' 规则的任意集 A 和 B, 应用 B-oracle 的程序 p 不能判定集 A.

假设这个引理已被证明, 我们就能够一个一个地考虑所有的程序, 并确认它们之中没有用 B-oracle 能判定集 A 的. 这样做时, 就可用引理交换 A 和 B, 同时确认没有用 A-oracle 能判定集 B 的程序.

(附注: 显然可以假设 a' 和 b' 长于 a 和 b: 否则, 可以人为地扩展, 而取极限将得到无穷序列, 它们是两个期望集合的特征函数. 然而, 这是不必要的: 若在极限处偶然得到有限的片段, 我们可以任意取两个集依照它们的规则.)

于是, 只需证明引理就可完成集 A 和 B 的构造. (稍后, 我们再回到 $\mathbf{0}'$- 可计算性的问题.)

引理的表述对于集 A 和 B 是非对称的, 因此论证也是非对称的. 我们指定一个在片段 a 定义域之外的数 x, 论证依赖于下面问题的答案: 是否存在一个依照片段 b 的集 B, 使得应用 B-oracle 的程序 p 对输入 x 能返回答案 "yes" 或 "no" 之一?

如果这样的集并不存在, 那就完全不用担心: 引理的命题会简单地对 $a'=a$ 和 $b'=b$ 为真.

现在假设这样的集 B 存在, 对于集 B 输入 x, 运行并追踪程序 p. 在返回一个答案之前, 程序 p 可能对集 B 的特征函数进行有限次的访问, 我们取一个集 B 依照的片段 b', 它长到足以覆盖程序访问的所有元素. 于是, 对于任何依照 b' 的集, 程序 p 都将返回和对于集 B 一样的答案, 剩下的就是要确认这个答案是错误的. 这只需把 x 放入 a' 的定义域中并选择 $a'(x)$ 与答案产生矛盾就可以了.

引理证明完毕.

最后, 还要证明定理关于 **0**′- 可计算性的命题: 为此还必须弄清引理的证明中 a' 和 b' 的结构能产生 **0**′- 算法. 关键点就是引理的证明中给出的问题的答案. 当然不可能测试所有依照片段 b 的集 B, 但没有必要真的那么做: 不难检查所有程序 p 可能经历的路径. 当问及 b 之外的数的问题时, 必须考虑两种可能性. 因此所有可能的计算路径之树出现后, 我们想要知道从这些分支中是否至少会得到一个回答 "yes" 或 "no". 这个问题还可以再形式化为是否某个程序 (即并行检查所有分支, 当其中之一回答 "yes" 或 "no" 立刻停机) 会终止的问题. 而 **0**′-oracle 能给出这个问题的答案.

这个附注完成了定理证明. ■

更加困难的问题是: 存在可数的 Turing 不可比集 (而不是 **0**′- 可判定 Turing 不可比集) 吗? 这个问题 (称为 *Post* 问题) 在 20 世纪 50 年代由美国数学家 Richard Friedberg 和苏联数学家 Albert Abramovich Muchnik 独立地解决了; 有趣的是他们构造可数的不可比集时用了同样的方法, 称为 "优先法". 下面两节解释这个构造.

6. Friedberg-Muchnik 定理: 构造的一般方案

定理 50. *存在 Turing 不可比的可数集.*

我们给出的这个证明可当作可计算函数理论技术应用的例子. 然而, 应当提及的是在 20 世纪 60 年代和 20 世纪 70 年代出现了更多更复杂的方法, 现在的这个证明看起来相对简单些.

证明. 我们想要构造两个可数集, 它们之中没有一个是 Turing 可归约为另一个的. 现在来一步步构造它们; 每一步如我们所知道的只建立集合的有限部分, 为方便起见我们采用下面的术语.

自然数有限集的任意对 $\langle A, B\rangle$ 称为一个*元素*, 如果 $A \subset A'$ 且 $B \subset B'$, 就说元素 $\langle A', B'\rangle$ *扩展了*元素 $\langle A, B\rangle$. 如下构造一个元素的可计算序列: 其中每个元素都扩展了前面那个元素, 在极限 (即集合的并) 它们构成了所期望的可数的不可比集.

有限集的四元组 $\langle A^+, A^-, B^+, B^-\rangle$, 其中 A^+ 与 A^- 不相交且 B^+ 与 B^- 不相交, 将称为指令. 这个 "指令" 的说法是基于这些四元组将指引元素的构造: A^+ 必须是属于 A 的数, A^- 必须是不属于 A 的数; 而 B 也类似. 形式地, 如果 $A^+ \subset A$, $A^- \cap A = \varnothing$, $B^+ \subset B$, $B^- \cap B = \varnothing$, 则称元素 $\langle A, B\rangle$ 依照指令 $\langle A^+, A^-, B^+, B^-\rangle$. 如果任意元素依照指令 u_2 也就依照指令 u_1, 则说 u_2 强于 u_1 (即较强指令的分量都比较大). 我们注意到, 按照这个定义所有指令都强于它自己.

令 $\alpha(X, Y)$ 为集合对 $X, Y \subset \mathbb{N}$ 的任意一个条件, 任何这样的条件确定了有两个参与者 —— "指挥者"D 和操作者 O —— 的一个游戏. 游戏如下进行: 开始 O 传送给 D 一个指令 u_0 和一个依照 u_0 的元素 e_0, 它们称为初指令和初元素. (最后, 这个构造会有若干个指挥者, 新任命的指挥者将从他们的前任那里收到初指令和初元素; 这点稍后再讨论.) 回到游戏, D 把某个指令 u_1 回送给 O; 然后, O 选取一个依照这个指令的元素 e_1; 接着, D 送出某个指令 u_2, O 再选取 e_2, 等等 (这个游戏是无休止的).

游戏的规则如下:

- O 选取的每个元素必须扩展前一个 (这样所有元素都扩展初元素); 它也必须依照 D 的最后指令 (而 D 早先的指令并不重要).
- D 的每个指令都必须强于初指令 (并不要求强于 D 早先的指令!).
- 如果 D 送出一个指令导致僵局 (即没有元素依照这个指令并扩展先前的元素), 于是游戏终止, 而 D 失败.
- 如果游戏无休止地进行, 则 D 在两个条件下取胜. 第一个是从某个动作起 D 的指令不再改变了.
- 最后, 第二个条件是极限集 X 和 Y 满足上面提及的条件 $\alpha(X, Y)$. (如果第 i 个元素 e_i 是 $\langle X_i, Y_i\rangle$, 那么 X 和 Y 就是上升的集合链 $X_0 \subset X_1 \subset \cdots$ 和 $Y_0 \subset Y_1 \subset \cdots$ 的并集.)

如果在相应的游戏中有一个可计算的胜出策略, 条件 $\alpha(X,Y)$ 就称为*胜出的*. 接下来的计划如下, 阐明对于任意可访问外部过程的程序 p, 条件 $\alpha_p(X,Y) =$ “p 用 Y-oracle 不能判定 X” 是一个胜出条件. (论证的许多部分重复了 Kleene-Post 定理的证明, 只是更为复杂.) 我们还将看到策略可计算地依赖于 p.

另一方面, 我们将要阐明如何构造可数集的对来达到胜出条件的可计算族的要求. 最后的论证采用了 “优先权” 理念: 有一个算子按照赋予的不同优先权来计算许多指令.

7. Friedberg-Muchnik 定理: 胜出条件

取定一个程序 p, 指挥者 D 想要阻止集 X 相对于 Y 的判定, D 必须做什么呢? (从 D 的观点来描述事件的过程.)

一开始, D 从 O 那里得到一个指令和依照这个指令的一个元素, 所有随后的指令都必须强于最初的那一个: 我们 (指挥者) 总是规定指定的 (初始的) 数包含在 X 和 Y 中, 而某些其他的数就不在其中 (两类数的集都是有限的). 此外, 初元素 (集合的对) 是给定的, 随着时间推移, O 自主地增加这些集合; 我们影响这个过程的唯一方式就是发指令.

那么, 我们能做什么呢? 第一步我们选取初始集 X 之外而在初始指令中未提及的一个数 x. 我们的第一个指令要求 x 不包含在 X 中, 是因为要把 x 添加到初始指令的第二分量中去, 也就是 A^- 中. (如果希望 Y 集不能由使用 X-oracle 的程序判定, 那么我们就应该对称地把数添加到第四分量 B^- 中去.)

如果一直重复第一指令, 我们就能保证数 x 不属于最终的集合 X, 但如果在某个时刻改变主意, 选择 x 包含在 X 中, 那也仅仅是不把 x 放入 A^-, 而是加进 A^+, 这样也不会造成僵局. (注意到新的指令不一定比它前面的指令更强, 但要强于初始指令, 这是游戏规则要求的.)

我们的胜出策略选择这样一个 x, 构成第一条指令并一直重复它, 直到有理由醒转并改变主意. 这样的理由可能如下:

在游戏的第 n 个动作时, 我们模拟输入 x 后程序 p 运行的 n 步 (记得 p 是我们希望防止从 Y 判定 X 的程序.) 这样做的时候, 每次程序都要调用 Y 的外部过程, 我们回答要用到 Y 的当前状态 (即按照操作者计划的最后元素). 设想在 n 步之后程序 p 返回某个结果. 然后, 我们醒来并检查对 Y 的成员或不是 Y 的成员的数作记号的计算; 检查的结果记录在所有后面的指令中 (它们不会变长). 这将保证对最终的集 Y, 程序 p 会给出与现在 (即对 Y 的当前状态) 相同的答案. 另一方面, 我们可以随意将 x 放入 X 或放在 X 之外. (如果我们什么也没做, 让事情保持原样, 那么 x 就不属于 X; 要把它放入 X, 如上所说, 只要简单地把它放到指令正的分量就可以了.) 我们的选择要造成程序 p 的回答是错的.

让我们阐明这的确是胜出策略. 有两种可能性: 如果我们在某个动作时醒转, 那么由构造可知程序 p 在输入 x 时返回的答案是错误的; 否则, 如果我们始终不醒来, p (同 oracle Y 的最终值) 就不对 x 返回任何答案. 为什么呢? 因为任何可能返回的答案都依赖于对 oracle 提出有限个数的问题, 从而要求有限的程序步骤; 这样, 当游戏进行到足够长时 (长到使 oracle 包含所有必须的数, 足够使程序完成计算), 我们必须醒转.

我们策略的可计算性是明显的, 剩下来只需要解释为什么不同指令的个数是有限的. 然而, 从构造过程来看这是显然的, 事实上, 最多有两个指令: 如果我们永远醒着, 恰有两个指令, 否则就只有一个指令.

注意到当程序 p 给定后, 游戏里的胜出策略可以有效地构造出来 (用一个算法), 这个观点在下一节中起到重要的作用.

8. Friedberg-Muchnik 定理: 优先方法

现在我们忘掉元素和指令的特定属性, 来阐明如果有一个胜出条件序列 $\alpha_1, \alpha_2, \ldots$ 使得 D 对应的胜出策略可计算地依赖于 i, 则必有一个可数集的对能满足所有条件.

为此, 设想我们自己是在逐渐降低优先权的指挥者序列下的一个操作者 (第一个指挥者最重要, 第二个次重要, 等等). 所有指挥者都对自己的条件负责并且都有自己的胜出策略. 我们从第一个指挥者实施他的指令开始游戏. 当他们开始重复时, 假定第一个指挥者不作任何改变就把当前的元素和指令作为初始数据传给第二个指挥者来开始后面的游戏. (第二个指挥者的所有指令都要比暂时稳定的第一个指挥者的强, 因此, 我们没有违反与第一个指挥者玩的游戏的规则, 同时又服从第二个指挥者, 除非第一个指挥者开始改变他的指令.) 当第二个指挥者也停止改变指令, 我们就可以连接第三个指挥者, 这样继续下去.

如果指挥者之一意外地改变他的指令会发生什么呢? 在这种情况下我们就跟随着这个新指令, 不考虑优先权较低的那些指挥者说什么, 向他们表示歉意, 并解释说我们过早地邀请了他们, 稍后再按同一模式邀请他们回来.

让我们阐明每个指挥者或早或晚都有机会来持久地指挥, 事实上, 第一个指挥者完全不了解其他的指挥者, 因为他的指令最重要且永远被服从. 因此, 他停止发新指令后有一刻的停顿. 然后, 第二个指挥者在保持规则的情况下发出指令, 只有第一个指挥者改变指令才会打断第二个指挥者的指挥. 因此, 第二个指挥者的指令也是稳定的, 如此等等. 这样做, 所有的指挥者都将安全地实现他们相应的条件.

现在我们明白了为什么初始的元素和条件在我们游戏的规定中很重要: 一个真正的指挥者必须达到他的目标而不考虑初始情况 (他知道他的前任们会履行什么样的职责!).

所有指挥者的所有策略的可计算性 (也依赖于指挥者可计算的数量) 保证了上面描述的过程的可计算性; 这样我们就得到了满足条件的可数集.

这个论证完成了 Friedberg-Muchnik 定理的证明. ■

问题 61. 阐明有可计算多个可数集, 其中没有任何两个是 Turing 可比的.

第八章

算术分层

1. 类 Σ_n 和 Π_n

正如我们已经说过的, 可数集可以等价地定义为可判定集的射影: 集 $A \subset \mathbb{N}$ 是可数的当且仅当存在一个可判定集 $B \subset \mathbb{N} \times \mathbb{N}$ 使得 A 是 B 的射影. 把集和性质 (= 谓词) 视为同一, 我们就可以说自然数的性质 $A(x)$ 是可数的当且仅当它可以表示为

$$A(x) \Leftrightarrow \exists y B(x, y),$$

其中 $B(x, y)$ 是某个可判定性质.

(在本节中, 我们假设读者熟悉基本的逻辑记号: 量词 $\exists x$ 读作 "存在 x", 量词 $\forall x$ 读作 "对所有的 x", 符号 $\wedge$ 读作 "与" 且称为合取, 符号 $\vee$ 读作 "或" 且称为析取, 符号 $\neg$ 读作 "不真" 且称为否定. 如前, 符号 $\Leftrightarrow$ 表示等价.)

一个很自然的问题浮现出来: 关于其他的谓词组合能说些什么? 例如, 什么性质能描述成下面这样:

$$A(x) \Leftrightarrow \exists y \exists z C(x, y, z),$$

其中 C 是自然数三元组的可判定性质? 很快就会发现它们也是可数集. 事实上, 同一类型的两个连续量词可以换成一个采用可计算数对的量词 (数对记成方括号): 满足 $C'(x, [y, z]) \Leftrightarrow C(x, y, z)$ 的性质 C' 也是可判定的, 而 $A(x) \Leftrightarrow \exists w C'(x, w)$.

另外一个问题: 什么性质能描述成下面这样:

$$A(x) \Leftrightarrow \forall y B(x,y),$$

其中 $B(x,y)$ 是可判定性质? 答案是: 有可数个否定号的性质 (也称为余可数的). 事实上,

$$\neg A(x) \Leftrightarrow \neg\forall y B(x,y) \Leftrightarrow \exists y(\neg B(x,y));$$

注意到在否定号下可判定性被保存下来.

让我们给出一般定义. 如果性质能表示成下面的形式, 则属于类 Σ_n :

$$A(x) \Leftrightarrow \exists y_1 \forall y_2 \exists y_3 \ldots B(x, y_1, y_2, \ldots, y_n)$$

(右边有 n 个交替量词), 其中 B 是可判定性质. 如果右边的 n 个交替量词由全称量词 $\forall$ 开始, 我们就得到类 Π_n 的定义.

下面两个性质实质上已经被证明了.

定理 51. (a) 如果允许用同一类型 ($\forall$ 或 $\exists$) 的量词组代替单个 $\forall$-或 $\exists$-量词, 类 $\Sigma_n[\Pi_n]$ 不改变. (b) 如果一个谓词属于 Σ_n, 则它的否定就属于 Π_n, 反之亦真.

((a) 的陈述蕴涵着, 例如, 谓词

$$\exists y \exists z \forall u \forall v \forall w \exists t A(x,y,z,u,v,w,t),$$

其中 A 可判定, 并且由于有三组量词并开始于 $\exists$, 它属于 Σ_3.)

证明. 证明 (a) 只需应用对的编号系统把相邻的同型量词合并为一个量词就够了. 为证明 (b), 我们用到定律 $\neg\forall x A \Leftrightarrow \exists x \neg A$ 和 $\neg\exists x A \Leftrightarrow \forall x \neg A$ 并且记住可判定谓词的否定也是可判定的. ■

现在来讨论性质 (谓词); 在集合的术语中类 Σ_n 的定义如下: 类 Σ_n 的集合是由恰有 n 个射影的操作序列 "射影 – 补集 – 射影 – 补集 ······ 射影" 生成的可判定集得到的. 每个射影都把集合降低一维 (相应性质的变量数减一个), 所以, 我们就必须从 $\mathbb{N}^{n+1}$ 的子集开始.

定理 52. 类 Σ_n 的两个集合的交和并仍属于 Σ_n. 类 Π_n 的两个集合的交和并仍属于 Π_n.

证明. 我们必须证明类 Σ_n 的任意两个性质的合取和析取仍属于这个类 (对于 Π_n 也一样). 例如, 设

$$A(x) \Leftrightarrow \exists y \forall z B(x, y, z),$$
$$C(x) \Leftrightarrow \exists u \forall v D(x, u, v).$$

那么

$$A(x) \wedge C(x) \Leftrightarrow \exists y \exists u \forall z \forall v [B(x, y, z) \wedge D(x, u, v)];$$

写在方括号中的性质是可判定的, 接下来只需如上面描述过的那样合并量词就行了. 对任意的 n, 类 Σ_n 和 Π_n 也可以类似地处理. ■

类 Σ_n 和 Π_n 是由自然数集定义的; 用相似的方法也能处理自然数的数对和三元组的集合, 一般地, 处理任何 "构造对象". 注意到在类 Σ_n 中, 对的集合的射影也属于 Σ_n (两个存在量词可以合并成一个).

加上哑量词容易说明类 Σ_n 和 Π_n 中的每一个都包含在类 Σ_{n+1} 和 Π_{n+1} 的每一个之中. 这点可以如下写出:

$$\Sigma_n \cup \Pi_n \subset \Sigma_{n+1} \cap \Pi_{n+1}.$$

定理 53. 类 Σ_n 和 Π_n 对于 m-可归约性在下述意义下是 "向下遗传" 的: 如果 $A \leqslant_m B$ 且 $B \in \Sigma_n$ $[B \in \Pi_n]$, 那么 $A \in \Sigma_n$ $[A \in \Pi_n]$.

证明. 设 A 由一个全可计算函数 f 可归约到 B, 即 $x \in A \Leftrightarrow f(x) \in B$. 假设, 例如, B 属于 Σ_3:

$$x \in B \Leftrightarrow \exists y \forall z \exists u R(x, y, z, u),$$

其中 R 是某个可判定性质. 那么

$$x \in A \Leftrightarrow f(x) \in B \Leftrightarrow \exists y \forall z \exists u R(f(x), y, z, u),$$

剩下的就是应当注意到 $R(f(x), y, z, u)$ (作为四元组 $\langle x, y, z, u\rangle$ 的一个性质) 是可判定的. ■

问题 62. 证明如果集 A 属于类 Σ_n, 那么集 $A\times A$ 也属于这个类.

问题 63. 证明如果集 A 和 B 属于类 Σ_n, 那么它们的差 $A\backslash B$ 属于类 $\Sigma_{n+1}\cap\Pi_{n+1}$.

2. Σ_n 和 Π_n 中的通用集

我们还没有说明对于不同的 n, 类 Σ_n (类 Π_n 也一样) 是不同的. 要证明这点就要对每个类找出对应的通用集, 并说明它不属于较低级的类.

定理 54. 对任意的 n, 类 Σ_n 都含有一个集, 它通用于这个类的所有的集. (这个集的补集在类 Π_n 中是通用的.)

类 Σ_n 的通用集 (简单地写成 Σ_n-通用集) 的意思是一个自然数对的集, 它属于类 Σ_n, 并且使得任意一个 Σ_n 中的自然数集都是这个数对集的一个截面.

证明. 注意到 Σ_1 是可数集的类, 这个类的通用集的存在性已经讨论过了, 而分层中较高类的通用集将用它来构造. (我们从第一层开始, 因为 “第零层” 没有通用的可判定集.)

由定义, Π_2-性质形如 $S(x)\Leftrightarrow\forall y\exists zR(x, y, z)$, 其中 R 是一个可判定性质, 但也可以等价地定义为形如 $S(x)\Leftrightarrow\forall yP(x, y)$ 的性质, 其中 P 是可数性质. 如何来构造一个类 Π_2 的通用集就清楚了. 令 $U(n, x, y)$ 是一个通用的可数性质, 那么任何自然数对的可数性质都可由 $U(n, x, y)$ 固定一个适当的 n 而得. 因此, 任何自然数对的 Π_2-性质都能由性质 $T(n, x)=\forall yU(n, x, y)$ 用同一方法, 即固定 n 而得到. 另一方面, 性质 T 本身是属于类 Π_2 的.

Π_2-通用集的补集显然是 Σ_2-通用集.

这个论证也可以用于 Σ_3-和 Π_3-集, 当然有一点小修改: 这里由

Σ_3-集开始比较好, 在最里面位置有存在量词, 它确定一个可数集. Σ_n-和 Π_n-集可类似地讨论. ■

定理 55. Σ_n-通用集不属于类 Π_n. 相似地, Π_n-通用集不属于类 Σ_n.

证明. 考虑一个通用的 Σ_n-性质 $T(m,x)$. 由定义, 这意味着所有的 Σ_n-性质都出现在它的截面 (固定 m 而得) 中. 假设 T 属于类 Π_n, 那么它的对角, 即性质 $D(x)=T(x,x)$ 也应属于类 Π_n (例如, 因为 $D\leqslant_m T$), 而 D 的否定, 即性质 $\neg D(x)$ 应属于类 Σ_n. 但这是不可能的, 因为 $\neg D$ 不是性质 T 的截面 (它在点 m 处不同于第 m 个截面), 而 T 是通用的. ■

特别地, 由这个定理可以得出类 Σ_n 和 Π_n 中的任何一个均为类 Σ_{n+1} 和 Π_{n+1} 中的任何一个的真子集. (下面很快就可以知道, 甚至并 $\Sigma_n\cup\Pi_n$ 也是交 $\Sigma_{n+1}\cap\Pi_{n+1}$ 的真子集.)

3. 跳跃运算

我们将要阐明类 Σ_n 与由某个集 A (依赖于 n) 构成的所有 A-可数集的类是重合的, 引进这个集需要称为跳跃运算的构造方法.

设 X 为任意集. 考虑 $\mathbb{N}$ 的所有 X-可数子集和这个类中的一个通用 X-可数集. 这个集在 X-可数集的类中是 m-完全的, 意思是所有其他的 X-可数集都 m-可归约到它. 如我们曾经看到的, 归约函数形如 $x\mapsto[n,x]$ (并且, 如 m-可归约性要求的那样, 没有任何 oracle 也是可计算的). 我们把 X-可数集的类中的任何 m-完全集记为 X'. 这样的集被唯一地定义为 m-等价.

形式地, 如果有 $P\leqslant_m Q$ 和 $Q\leqslant_m P$, 则称集 P 和 Q m-等价. (易见这是一个真正的等价关系) 等价集的类称为 m-度, 现在可以说对每个集 X 我们已经定义了一个确定的 m-度 X'.

同样地, T-度 (也叫作 *Turing* 度或不可判定性的度) 定义为 T-等价集的类; 如果 $P\leqslant_T Q$ 且 $Q\leqslant_T P$, 也就是任一个集对于其他的集都是相对可判定的, 集 P 和 Q 称为 T-等价或 *Turing* 等价. 如果集 P 和 Q 是 Turing 等价的, 那么 P-可计算函数类就重合于 Q-可计算函数类 (且有 P-可数集类就重合于 Q-可数集类). 应用 T-度的概念, 我们可以说 m-度 X' 是由集 X 的 T-度决定的, 这样我们就有了所有 T-度的集到所有 m-度的集的一个映射. 这个映射被称为*跳跃运算*; 而集 (更准确地, m-度) X' 就叫作集 (更准确地是 T-度) X 的*跳跃*.

问题 64. 这个映射能把不同的 T-度映射到同一个 m-度中去吗?

问题 65. 证明任意两个 m-完全集在类 Σ_n 中是可计算同构的 (有一个可计算置换的差别).

问题 66. 说明对于任意的可数集 A, 可以找到一个实数 α 使得所有小于 α 的有理数的集是可数的而且 Turing 等价于集 A.

跳跃运算通常看作 T-度上的一个运算, 设定其结果等于包含 X' 的 T-度 (这是十分合理的, 因为 T-分类相当粗糙).

结果, 我们采用下列 T-度: $\mathbf{0}$ (包含所有可判定集的度), $\mathbf{0}'$ ($\mathbf{0}$ 的跳跃, m-完全可数集的度; 也已经考察过), 然后 $\mathbf{0}''$ (度 $\mathbf{0}'$ 的跳跃), $\mathbf{0}'''$, 等等; 一般地, $\mathbf{0}^{(n+1)} = (\mathbf{0}^{(n)})'$.

定理 56. *对于任意的 $n \geqslant 1$, 类 Σ_n 与所有 $\mathbf{0}^{(n-1)}$-可数集的类重合.*

(迄今为止, 我们只知道 $n = 1$ 时结论为真.)

证明. 首先, 我们要证明所有 Σ_n-集相对于 $\mathbf{0}^{(n-1)}$ 是可数的. 这需要对 n 进行归纳. 对于 $n = 1$, 我们已知为真. 现在考虑 Σ_2 的任意集 X. 由 Σ_2 的定义,

$$x \in X \Leftrightarrow \exists y \forall z R(x, y, z),$$

其中 R 是可判定的谓词. 谓词 $\forall z R(x, y, z)$ 有可数否定. 既然它 m-可归约到 m-完全可数集, 则这否定相对于 $\mathbf{0}'$ 是可判定的. 因此

谓词本身相对于 $\mathbf{0}'$ 是可判定的. 那么它的射影, 集 X, 相对于 $\mathbf{0}'$ 是可数的.

对于 n 的其他值, 可类似地论证. 如果 X 属于 Σ_3, 则有

$$x \in X \Leftrightarrow \exists y R(x, y),$$

其中 R 属于 Π_2. R 的否定属于 Σ_2, 于是它是 $\mathbf{0}'$-可数的 (由归纳假设), 也是 $\mathbf{0}''$-可判定的, 而 R 本身也同样是 $\mathbf{0}''$-可判定的, 且 R 的射影是 $\mathbf{0}''$-可数的.

这就完成了前半部分的证明.

对于后半部分的证明, 我们必须再引进一个类 Σ_n 和 Π_n 的性质. 在某个所有自然数有限集可计算编号系统中, 将编号为 x 的有限集记为 D_x. 对任意的集合 A, 考虑 A 的所有有限子集的集合 $\mathrm{Subset}(A)$, 准确地说是它们所有编号的集合:

$$x \in \mathrm{Subset}(A) \Leftrightarrow D_x \subset A.$$

引理 1. 如果集 A 属于类 Σ_n [或 Π_n], 那么集 $\mathrm{Subset}(A)$ 也属于类 Σ_n [或 Π_n].

(这个引理推广了问题 62 中关于集 $A \times A$ 的命题: 现在我们考察的是任意元组而不是对.)

引理 1 的证明. 考虑, 例如, 类 Σ_3 的一个集 A:

$$x \in A \Leftrightarrow \exists y \forall z \exists t R(x, y, z, t),$$

其中 R 是一个可判定性质. 于是 $\{x_1, \ldots, x_n\} \subset A$ 就等价于

$$\exists \langle y_1, \ldots, y_n \rangle \forall \langle z_1, \ldots, z_n \rangle \exists \langle t_1, \ldots, t_n \rangle [R(x_1, y_1, z_1, t_1) \wedge \cdots \\ \cdots \wedge R(x_n, y_n, z_n, t_n)].$$

这个公式包含着 (变量长度的) 自然数元组的量词, 不过我们可以按照某个编号系统把元组换成它们的编号. 此外, 由于内部的无量词公式对应于可判定集, 那么整个公式就是一个 Σ_3-谓词.

在论证中我们没有区别元组和有限集; 这样就可以安全地把集合的编号转换成所有可计算元素组成的元组的编号, 而不会出现问题.

引理 1 证毕. ■

问题 67. 证明如果集 A 属于类 $\Sigma_n[\Pi_n]$, 那么有限集编号的集合 $\text{Intersect}(A)$ 与 A 有非空交集, 而且也属于类 $\Sigma_n[\Pi_n]$.

问题 68. 设自然数对的性质 $R(x, y)$ 属于类 Σ_n. 说明性质

$$S(x) = (\forall y \leqslant x) R(x, y)$$

也属于 Σ_n. (受囿量词 $(\forall y \leqslant x)$ 读作 "对于所有不超过 x 的 y".)

转到补集, 我们可以立即得到如下的引理 1 的推论:

引理 2. *如果集 A 属于类 $\Sigma_n[\Pi_n]$, 那么与 A 不相交的有限集的编号组成的集 $\text{Disjoint}(A)$ 属于 $\Pi_n[\Sigma_n]$.*

引理 2 的证明. "与 A 不相交" 的意思是 "A 的补集的子集"; 于是仅需应用前述引理以及类 $\Sigma_n[\Pi_n]$ 中的集的补集属于类 $\Pi_n[\Sigma_n]$ 这个事实就可以了. 证毕. ■

现在已经准备好来证明所有的 $\mathbf{0}^{(n-1)}$-可数集都属于类 Σ_n.

从第一个非平凡情况开始: 为什么任意 $\mathbf{0}'$-可数集属于 Σ_2? (这可以用上面给出的 $\mathbf{0}'$-可计算性判别准则来解释, 但是更有教益的是采用对 n 的所有值都有效的一般论证.)

设集 A 是 $\mathbf{0}'$-可数的, 于是它相对于某个可数集 B 是可数的, 即它相对于 B 的特征函数 b 是可数的. 由上面已经证明过的判别准则 (定理 45) 可知, 这意味着存在形如 $\langle x, t\rangle$ 的对的可数集 Q, 其中 x 是数而 t 是模式, 使得

$$x \in A \Leftrightarrow \exists t[(\langle x, t\rangle \in Q) \text{ 且 } (b \text{ 扩充了 } t)].$$

不失一般性, 我们可以假设这里考虑的模式的值只取 0 和 1, 因为如果 t 取任何其他的值, 它就不可能是 B 的特征函数的一部分, 而

这对我们是没用的. 对集 B 来说, 条件 "b 扩充了 t" 应读作: B 包含 t 取值 1 时变量的集而与 t 取值 0 时变量的集不相交. 因此, 我们可以讨论有限集合的对来代替模式; 我们必须考虑形如 $\langle x, u, v\rangle$ 的三元组 P 的可数集来代替 Q 并写成

$$x \in A \Leftrightarrow \exists u \exists v[(\langle x, u, v\rangle \in P) \text{ 且 } (B \text{ 包含 } D_u) \text{ 且 } (D_v \text{ 与 } B \text{ 不相交})].$$

现在, 代替 "B 包含 D_u" 可以写 "$u \in \mathrm{Subset}(B)$", 而代替 "D_v 与 B 不相交" 可以写 "$v \in \mathrm{Disjoint}(B)$". 注意在等式右边合取 "且" 连接的三个性质全属于类 Σ_2, 甚至更低的类. 因为 P 和 B 是可数的, 故前两个属于类 Σ_1 (对于第二个性质, 我们用到了引理 1); 由引理 2, 第三个性质属于类 Π_1. 因此, 它们的合取属于类 Σ_2, 而射影 (量词 $\exists u \exists v$) 也在这个类中. 这就完成了对 $n=2$ 的论证.

进一步, 设某个集 A 是 $\mathbf{0}''$-可数的. 由定义, 这意味着 A 关于某个 $\mathbf{0}'$-可数集 B 是可数的. 如我们已经知道的, B 在 Σ_2 中. 从这里开始, 论证只不过在所有下标都加 1 的条件下简单重述而已. 所有后面的值 n 都可以类似地考虑. ■

定理 57. 交 $\Sigma_n \cap \Pi_n$ 与 $\mathbf{0}^{(n-1)}$-可判定集的类重合.

证明. 事实上, 相对性的 Post 定理 (定理 2) 阐明了一个集是 X-可数的当且仅当这个集和它的补集都是 X-可数的 (其中 X 是一个任意的 oracle). ■

定理 58. 类 $\Sigma_n \cup \Pi_n$ 是类 $\Sigma_{n+1} \cap \Pi_{n+1}$ 的真子集.

证明. 记得 $\mathbf{0}^{(n)}$ 是集 X 的度, 在 $\mathbf{0}^{(n-1)}$-可数集的类中是 m-完全的. 要在这个类中 m-完全, X 就不是 $\mathbf{0}^{(n-1)}$-可判定的, 这就是说, 它的补集不是 $\mathbf{0}^{(n-1)}$-可数的.

因此, 由前面的定理, X 属于类 Σ_n, 而它的补集却不属于. 另一方面, X 的补集属于 Π_n 而不属于 Σ_n. 现在我们来考虑集 X 和它的补集的组合, 即集合

$$Y = \{2n \,|\, n \in X\} \cup \{2n+1 \,|\, n \notin X\}.$$

X 和 X 的补集两者都 m-可归约到 Y, 因此 Y 或属于 Σ_n 或属于 Π_n. 同时, Y 显然关于 X 可判定; 于是由定理 57, Y 既属于 Σ_{n+1} 也属于 Π_{n+1}. ■

4. 分层中集的分类

找出一个给定的集在上述分层中的位置是有趣的. 例如, 我们能对一个给定的可计算函数在一个 Gödel 编号系统中的编号集说些什么呢?

我们曾经说过, 具有非空定义域的所有函数的所有编号集是可数的, 也就是属于类 Σ_1, 因而, 它的补集, 空函数的所有编号的集 Z, 属于类 Π_1. (集 Z 是不可判定的, 故不可能属于类 Σ_1; 见定理 21.)

问题 69. 证明在任何 Gödel 编号系统中空函数的编号集在类 Π_1 中是 m-完全的.

关于其他函数的编号我们能说些什么呢? 例如, 关于零函数 (对所有的 x 都有 $\mathrm{zero}(x) = 0$) 的编号集我们能说些什么呢? 下面的定理对这个问题给出了全面的答案.

定理 59. (a) 令 U 为可计算函数类的可计算通用函数, 则使得 $U_n = 0$ 的所有 n 的集都属于类 Π_2. (b) 如果此外 U 是 Gödel 通用函数, 那么这个集在类 Π_2 中是 m-完全的.

实质上, 在命题 (b) 中的通用函数是 Gödel 函数: 如前面已经见过的, 存在一个可计算的编号系统使得任何可计算函数仅有一个编号.

证明. 性质 $U_n = 0$ 可以重写如下: 对任意的 k 存在 t 使得值 $U(n, k)$ 的计算在 t 步内终止并返回 0. 这个最重要的性质是可判定的, 并且像希望的那样前面有两个量词, 这就完成了 (a) 的证明.

我们来证明命题 (b). 令 P 为类 Π_2 的任意集, 则

$$x \in P \Leftrightarrow \forall y \exists z R(x, y, z)$$

对某个可判定性质 R 成立. 现在考虑用下面的算法计算的函数 $S(x, y)$: 在整个自然数中寻找使 $R(x, y, z)$ 成立的数 z; 一旦 (如果) 找到了这样一个数, 我们就输出 0. 显然, $S_x = 0$ 当且仅当 $x \in P$. 应用 U 是 Gödel 函数这个假设, 我们能找到函数 s 使得 $U_{s(x)} = S_x$, 这个函数把 P 归约到零函数所有编号的集. ■

关于其他函数还能说什么呢? 对任意可计算的通用函数 U 和任意可计算函数 f 来说, 函数 f 的所有 U-编号的集是 Π_2-集. 还有一个更强的事实: 性质 $U_m = U_n$ (整数 m 和 n 是同一函数的编号) 是数对 $\langle m, n\rangle$ 的 Π_2-性质, 因此, 它的任何截面 (即某个特定函数编号的集) 更是一个 Π_2-集. 事实上, 性质 $U_m = U_n$ 可以形式化如下: "对任意的 x 和 t_1 存在 t_2 使得: *如果 $U(m, x)$ 的计算在 t_1 步终止, 则 $U(n, x)$ 的计算在 t_2 步终止, 且有同一结果. 反之亦真.*" 这个重要的性质是可判定的, 并且前置有 Π_2-前束量词.

能够找出哪些函数有编号的 Π_2-完全集: 这是些有无穷定义域的函数. 如果一个函数的定义域是有限的, 那么它的所有编号的集是 $\mathbf{0}'$-可判定的 (而不是 Π_2-完全的). 事实上, 应用停机问题的 oracle, 就能检查函数在它必须定义之处实际上是否有定义 (并且确定其值是否正确). 然后就能检查余下的点处是否无定义 (查找一个点是否在给定的有限集之外和是否属于函数定义域是个可枚举的过程, 这样就能检验询问 $\mathbf{0}'$-oracle 是否成功).

如果函数 f 的定义域是无穷的, 则应有 f 定义域的无穷可判定子集 F 存在 (问题 12). 现在我们可以本质上采用如零函数一样的结构, 不过只能在 F 内应用.

问题 70. 完成这个论证.

问题 71. 阐明所有全函数的所有编号的集 (在 Gödel 编号系统中) 是 Π_2-完全集.

问题 72. 在算术分层中含有无穷定义域的所有函数编号的集的最低的类是什么? 在这个类中, 这集是 m-完全集吗?

问题 73. 阐明对任意的 (不必是 Gödel 的!) 编号系统, 全函数的所有编号的集 T 是不可数的. 此外, T 没有包含每个可计算全函数的至少一个编号的可数子集. (提示: 应用对角构造.)

H. Rogers ([11], 14.8 节) 给出了可计算函数和可数集的许多其他性质的这类结果. 例如, 对任意的 m-完全集 K, 它所有编号的集是 Π_2-完全集. (从这里开始, 说到编号就是指可数集的 Gödel 编号系统.) 所有有限集编号的集是 Σ_2-完全集. 至少包含一个无限集的一个编号的集的编号集是 Σ_3-完全集. 所有可判定集的编号集是 Σ_3-完全集. 所有补集是有限集的集的编号集是 Σ_3-完全集.

问题 74. 证明这些命题 (或阅读 Rogers [11] 中的证明).

问题 75. 考虑量词 $\exists^\infty x$, 意思是 “存在无限多个 x 使得 ……”. 阐明类 Π_2 所有的性质 (也只有它们) 均可表为形式

$$\exists^\infty x \text{ (可判定性质)},$$

而类 Σ_3 所有的性质 (也只有它们) 均可表为形式

$$\exists^\infty x \forall y \text{ (可判定性质)}.$$

(相似的命题对较高的类也成立, 见 [11], 14.8 节, 定理 XVIII.)

第九章

Turing 机

1. 简单的可计算模型: 需要它们做什么?

迄今为止, 谈到计算, 我们通常都涉及算法、程序、编译程序、追踪等方面的经验. 这就容许我们跳过算法的细节, 而认为读者能容易地恢复它们 (或者至少承认: 在 Pascal 系统中写出 Pascal 编译程序并不是流行的喜好).

但是在某种情形下按通常的方法处理是不够的. 例如, 设想要证明某个问题算法不可解, 而这个问题却与算法无关. 本章中要考虑一个半群中的 Thue (或字) 问题, 它的不可判定性通常是把停机问题归约到它来证明的. 最后, 按我们的问题来模拟一个任意的算法 (随后的例子将会解释我们的意图). 这样做的时候, 必须采用一个算法的某些精确定义, 而重要的是要用简单的定义 (计算模型) 来尽可能地简化模拟.

现在来概括一下我们的计划. 从定义相对简单的一类计算设备开始, 即大家熟知的 Alan Turing 引进的 Turing 机. 然后, 断言任何可计算函数都能由 Turing 机计算. 最后, 要阐明 Turing 机的停机问题能归约到半群中的字问题.

另外还可以讨论为什么简单的计算模型 (各种各样的 Turing 机, 随机存取机, 以及其他设备) 对计算复杂性理论很重要, 它的重点是计算的时空界限, 不过这已经超出了本书的范围.

2. Turing 机: 定义

Turing 机有一条向两个方向无限延长的纸带; 纸带分成方格或单元. 每个单元可容纳机器字母表的有限集中的一个字符. 选出一个字符称为 "空字符" 或 "空格". 除了有限部分输入字符串外, 纸带初始设为全空 (即填满了空字符).

Turing 机用沿纸带移动的读/写头来改变纸带上的字符, 每一步读/写头都定位在一个单元上. 由读出的字符和机器的内部状态来确定该做什么, 即把什么字符写入当前单元, 然后如何动作 (向左、向右或者停留在当前位置). 机器的状态也是可以改变的; 我们假设机器只有有限多个状态, 或者换句话说, 只有有限多内存. (纸带可以看作有潜在无穷多的外存). 最后, 必须确定机器如何开始以及何时计算终止.

Turing 机的形式定义包含下列各项:

- 有限集 A (字母表或纸带字母表); 它的元素称为字符;
- 特指字符 $a_0 \in A$, 称为空字符或者空格;
- 有限集 S, 它的元素称为状态;
- 特指状态 $s_0 \in S$, 称为初始状态;
- 转换表, 它作为当前状态和当前字符的函数决定机器的行为 (见下面);
- 子集 $F \subset S$, 它的元素称为终结状态: 当机器到达这些状态中任何一个时, 机器停止.

转换表给每个对 ⟨当前状态, 当前字符⟩ 一个三元组 ⟨新状态, 新字符, 移动⟩. 这里 "移动" 是三个数之一: -1 (左移), 0 (不动), 1 (右移), 因此转换表是定义在对上的形如 $S \times A \to S \times A \times \{-1, 0, 1\}$ 的函数, 其中当前状态并非终结状态.

具体是如何工作的呢? 每一步的情况是由机器的组态来描述的, 这包含着纸带的内容 (纸带的内容是一个任意的映射 $\mathbb{Z} \to A$), 头的当前位置 (某个整数), 以及机器的当前状态 (S 的一个元素). 按照自然规则把组态变换为下一个组态: 在表中找到当前状态和纸带字符, 读出对应的表值, 把机器状态和纸带字符变成新的状态和字符; 然后移动读写头往左、往右或停在原处 (添加 "移动" 到 "读写头位置"). 如果新状态为终结, 则过程终止. 否则, 继续重复进行.

现在来说明机器如何输入以及它输出了什么. 我们假设纸带字母表含有字符 0 和 1, 还要加上空字符 (也可能含有其他字符). 机器的输入和输出都是有限 0-1 序列 (位串). 初始时, 输入的串写在空白纸带上, 读写头则定位在第一个字符. 然后机器进入初始状态并启动. 计算终止时输出的 0-1 串是从读写头的位置开始并以任何异于 0 和 1 的字符为界.

于是, 任意 Turing 机都定义了一个二元串的 (部分) 函数. 这样的函数被称为 *Turing 机可计算的*或者 *Turing 可计算的*.

3. Turing 机: 讨论

我们的定义中有许多无关紧要且可改变的细节. 例如, 纸带可以限制在一边, 或者可以提供两条纸带 (和两个读写头), 还可以允许机器或者读一个新字符或者移动, 但不是两者都可以做. 可以限制字母表恰有 10 个字符, 还可以要求纸带终端除输出外什么也没有 (所有剩下的单元都是空白). 所有这些以及其他许多修改都不会改变 Turing 可计算函数类.

然而, 有些修改是十分危险的. 例如, 禁止机器向左移动, 情况就会显著地改变: 既然不能返回原先的记录, 纸带实际上就无用了.

如何辨别无害和危险的修改呢? 显然, 某些对 Turing 机编程的经验是有帮助的. 作为实例, 我们描述给输入串加倍的机器 (把输入的串 X 做成串 XX).

如果机器在第一步看到的是空符号 (输入的串是空白), 就立即停机. 如果不是, 它存储当前字符并加以标记, 例如, 加一个短横 (添加到字符 0 和 1 上, 字母表中包含有 "加短横文本" $\bar{0}$ 和 $\bar{1}$), 然后机器右移直到到达第一个空单元并写入存储的字符的复本, 机器再退回到标记处. 到达标记处后就向右一步再存入下一个字符, 这样继续下去直到整个串都复制完毕.

一个有经验的 Turing 机程序员对这些非正规描述后面的转换表不完整的部分很容易识别. 例如, “存储字符并向右移” 包含的状态就分成两个组: 一个存字符 0, 另一个存 1, 推动读写头向右到第一个空单元的程序在各组内译码.

但是有经验的程序员会发现描述中的一个漏洞: 我们没有解释机器如何能确认整个串已复制并应停机了, 机器并不能从原始的串中辨认出复制过的字符. 如何修补程序也很明显: 复制时必须写成另外的特定符号, 比如, $\tilde{0}$ 和 $\tilde{1}$; 当串加倍以后, 这些字符又必须换成 0 和 1.

问题 76. 阐明把给定的字符串反向重写的转换函数 i (例如 $i(001) = 100$) 是 Turing 可计算的.

这里还有一个非正规推理的例子: 我们来解释为什么事实上异于 0,1 和空符号 (空格) 的额外字符是多余的 (即如果我们把自己限制到这三个字符, Turing 可计算函数类不会改变). 考虑 Turing 机 M, 它有一个很大的字符表 N, 再构造一个只用三个 “主要” 字符的新机器, 用它来模拟 M. M 的纸带上每个单元对应于新机器纸带上的一个 k-单元块, 块长 k 选成能够给 N 的任何初始字符编码 (由 k 个 0,1 和空格的串编码). 特别地, 原字母表的字符 0,1 和空格分别编成 0 后面跟着 $(k-1)$ 个空格, 1 后面跟着 $(k-1)$ 个空格以及一组 k 个空格.

从开始, 输入串中相邻字符必须移动到相隔 k 个单元, 不用添加字符就能做到. (读写头来到最右边要输入的二进制位, 并向右把它放到 k 个单元外; 然后回到下一个位, 再把它与第一个放到一起, 等等. 按照二进制字符位后面至少有 k 个空格就能识别出字符串的末尾.) 显然, 这个过程只用有限存储 (依赖于 k) 就能实现.

一旦空格插入就可以一步步模拟 M 机的任何计算了, 这要求只有有限存储 (即有限多个状态), 因为我们必须考虑到机器的读写头只有有限邻域. 而最后输出的字符串必须删除字符位间的空格来进行压缩.

Turing 机可以计算什么样的函数呢? 根据 *Turing* 论点, 任何可计算函数都是 Turing 可计算的. 自然地, 这句话的含义依赖于对术语 "可计算函数" 的理解. 如果是按照模糊的直觉意义来理解 (就像 "一个函数可被算法地求值" 即 "由完全清晰的规则" 或某些类似的东西), 那么 Turing 论点的严格证明当然是不可能的. 我们能说的只有一件事, 从 Euclid 到 Knuth 的许多世纪以来从未遇到过一个算法不能转译为 Turing 机程序的. 然而, 下面我们还是要给出一个论证 (虽然不太有说服力).

如果把 Turing 论点中的 "可计算" 当成 "用 Pascal 程序可计算", 并且设想 Pascal 程序的语法和语义都定义好了, 那么 Turing 论点就是一个可证明成立或不成立的明确的命题了. 当然这样的证明必须建立在 Pascal 的语法和语义的形式化描述之上, 而这从来没有人做过. 然而, 这类证明的简化的计算模型实际上曾经给出过. 它们近似于冗长程序的正确性证明, 很少人愿意去写, 更少人愿意去读它.

最后, 我们来介绍上面提到的支持任何可计算函数的 Turing 机可计算性的非形式化论证. 假设你 (或者任何其他人) 能对给定的变量计算某个函数 f. 我们来描述模拟你的工作的 Turing 机.

你自然要用纸和铅笔 (连同橡皮擦), 因为能记住的信息总量是很有限的. 假设你写在同样大小的纸页上: 有两堆纸页, 分别放在你当前页的两边; 在当前页做完后, 可以把它放到其中一堆上, 再从另一堆顶上取下一个工作页.

为了看清纸页上的字母, 你写的字别太小, 页上也就只有有限多个可识别的状态. 这样, 我们总可假定每页只可容纳这个庞大但有限的字母表中的一个字符. 人类的记忆也是有限的并且可表示为状态的有限集. 此外, 对当前页上的任何状态和任何字符的所有可能的动作都能放入一个表, 说明处理以后在页上要写什么, 下一个状态是什么, 以及如何重排这些页. 这个表可以看成有着巨大 (但有限) 字母表和大量 (但有限) 内部状态的 “人类 Turing 机” 的转换表.

4. 字问题

我们用 Turing 机来证明关于字及其变换的某个算法问题的不可解性.

应当记得*字母表*是有限集, 它的元素称为*字符*; 字符的有限序列称为*串* (或者*字*).

固定一个字母表 A. 形如 $P \to Q$ 的任意表达式称为 (*串重写或变换*) *规则* (另一个可能会遇到的术语是 “生成”), 其中 P 和 Q 是给定字母表上的串 (假设箭头符号不属于 A). 任何变换规则的 (无序) 有限集称为*串重写系统*或*半 Thue 系统*. 那么, 如何把这些规则用到串的重写中去呢? 如果 P 是 X 的*子串*, 即存在串 R 和 S 使得 $X = RPS$, 则说规则 $P \to Q$ *可用于*串 X, 这时就允许用 Q 来替换 P 而得到 RQS. P 在 X 中可能出现几次, 可把同一规则以不同的方式多次用于同一个串. 系统包含可用于给定串的若干个不同的规则, 我们可以用其中的任何一个, 而后又可以再次使用同一规则或其他的规则, 等等.

现在来更加形式化地重述这个定义. 称一个串 X 可由系统 I 的规则变换为串 Y, 如果存在串的有限序列

$$X = Z_0, Z_1, Z_2, \ldots, Z_{k-1}, Z_k = Y,$$

其中每个串 Z_i 都由前面的串 Z_{i-1} 按照 I 的规则之一而得: I 中有一个规则 $P \to Q$ 对某些串 R 和 S 有 $Z_{i-1} = RPS$ 并且 $Z_i = RQS$.

这样, 每个规则 I 的集定义了某个串对的集, 即对 $\langle X, Y\rangle$ 的集, 其中 X 能够由 I 的规则变换成 Y.

定理 60. *对应于任何系统 I 的对 $P(I)$ 的集是可数的. 存在一个系统 I 使得对应于它的集 $P(I)$ 是不可判定的.*

下一节我们再来证明这个定理. 第一部分很容易: 依照系统规则的所有链的集是可判定的, 因而是可数的. 只要从这些链中取第一和最后的串, 就得到了集 $P(I)$ 的计数.

剩下来就是要构造一个不可判定的串重写系统 I 的例 (即有不可判定集 $P(I)$ 的系统). 最后, 我们要指出任何 Turing 机都能被串重写系统模拟, 从而得到了对应于不可判定停机问题机器的系统.

5. Turing 机的模拟

定理 61. 令 M 为 Turing 机, 它的纸带字母表含有符号 0 和 1. 于是可以构造一个串重写系统 I (它的字母表含有 0,1, 方括号 [,], 也许还有一些其他的字符), 它有下面的性质: 对于任意两个二元串 X 和 Y, 机器 M 运行时, 输入 X 即输出 Y 当且仅当串 $[X]$ 能按照系统 I 的规则变化成串 Y.

记得机器的输出被定义为读写头最后位置的右边 0 和 1 的极大串. 还要注意到系统 I 的字母表被设成含有字符 0 和 1, 以及字符 [和], 还可能有其他的字符.

问题 77. 阐明辅助字符 [和] 是必不可少的: 如果把串 $[X]$ 替换成 X, 定理将不再成立. (提示: 如果用系统的规则能由 X 得出串 Y, 那么用同样的规则也能由串 PXQ 得出串 PYQ.)

证明. 模拟的想法如下. 我们用字符串对 Turing 机的所有组态 (组态包括纸带内容、读写头位置、状态) 进行编码如下: 机器的每个单个操作都对应于系统 I 某个规则的应用.

我们来详细解释这个编码. 下面这个组态

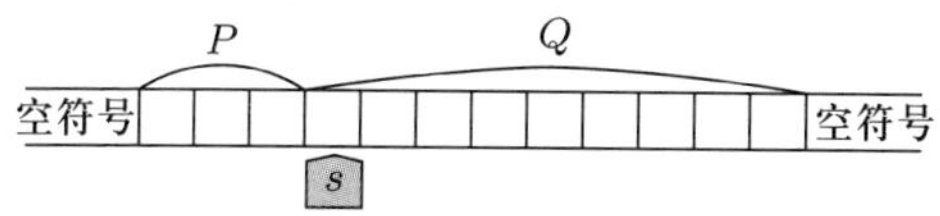

就被编码成串 $[PsQ]$. 因此系统的字母表 A 将如下组成: 包括空

符号 (记作 "_") 在内的 Turing 机所有纸带字符, 机器的所有状态 (假设状态集与纸带字母表不相交), 以及特殊字符 [和]. 注意到这个编码不是唯一的, 因为串 P 前端可能有空符号, 而 Q 可能尾随着空符号. 例如, 如果 a, b 和 c 是字母表的字符, 而 s 是一个状态, 那么串 [absc] 即为组态的编码, 其中包括机器状态 s, 纸带内容 ....__abc__...., 以及读写头位置紧靠着 c. 然而, 同一个组态也可以编码为串 [_absc] 和 [absc_]. 再举几个组态编码的例: 串 [sabc] 是状态 s, 纸带 ....__abc__...., 以及读写头位置紧靠着 a 的编码; 串 [abcs] 对应于纸带内容 ....__abc__...., 以及读写头位置在 c 的右边; 而串 [s] 对应于空纸带.

现在必须写出模拟 M 的系统规则. 系统有下列性质: 每个组态 C 编码为串 E, 存在唯一的规则可用于 E; 这个规则产生串 E', 它是 M 下一个组态 C' 的编码. 于是, 一个单个规则的每个变换都将对应于机器计算的一个步骤.

事实上, 我们正准备把 Turing 机的转换表翻译成规则语言. 例如, 假定表中含有指令 "若当前字符为 x, 当前状态为 s, 则转换为状态 s', 打印字符 x', 头停留不动"(换句话说, 转换函数把 $\langle s,x\rangle$ 变为 $\langle s',x',0\rangle$), 我们就把下面的规则添加到系统中去:

$$sx \to s'x'.$$

指令 "若当前字符和状态为 x 和 s, 则转换为状态 s', 打印字符 x', 并左移" (把 $\langle s,x\rangle$ 转换为 $\langle s',x',-1\rangle$) 生成规则

$$\alpha sx \to s'\alpha x',$$

它适用于纸带字母表的所有字符 α.

从 $\langle s,x\rangle$ 转换成 $\langle s',x',1\rangle$ (右移) 生成规则

$$sx \to x's'.$$

但是还必须留意串 P 或 Q 或两者 (见图) 都空的情况. 需要的规则如下:

转换	生成规则
从 $\langle s,x\rangle$ 转换成 $\langle s',x',-1\rangle$	$[sx \to [s'\_x'$
从 $\langle s,\_\rangle$ 转换成 $\langle s',x',0\rangle$	$s] \to s'x']$
从 $\langle s,\_\rangle$ 转换成 $\langle s',x',-1\rangle$	$\alpha s] \to s'\alpha x']$ $[s] \to [s'\_x']$
从 $\langle s,\_\rangle$ 转换成 $\langle s',x',1\rangle$	$s] \to x's']$

表中描述的特例是对空串 P 和读写头下也是空字符的空串 Q 左移.

一个接一个地应用这些规则, 即可模拟 Turing 机的计算, 剩下的问题只是 "输入预处理" 和 "输出后处理", 我们从较复杂的第二个问题开始, 这是想要从 M 最后组态的编码导出计算结果. 若 M 的终结状态是 s, 而编码形如 $[PsQ]$, 则必须从编码中删除串 P, 打开括号, 选出串 Q 的最大 0-1-前缀, 删去剩余的串. 这可如下做到.

我们引入附加字符 $\triangleleft$ 和规则

$$s \to \triangleleft \text{ (对每个终结状态 } s\text{)},$$

$$\alpha\triangleleft \to \triangleleft \text{ (对每个字符 } \alpha \neq [\text{)},$$

$$[\triangleleft \to \triangleright.$$

由这些规则, 字符 $\triangleleft$ 将替换终结状态符号 s, 然后吃掉它左边直到括号的所有字符, 再吞下括号同时翻转为新字符 $\triangleright$. 这个字符服从下列规则:

$$\triangleright 0 \to 0\triangleright,$$

$$\triangleright 1 \to 1\triangleright,$$

$$\triangleright\alpha \to \nabla\alpha$$

(最后这个规则可用于除 0 和 1 以外的所有字符). 字符 $\triangleright$ 穿过了计算结果 (0-1-串, 直到它们的右边), 并在串的末尾转为字符 ∇. 最后,

第三个三角形字符擦去了它右边所有的字符和右括号. 规则如下:

$$\nabla\alpha \to \nabla \text{ (对 } \alpha \neq \text{] 的所有字符)},$$
$$\nabla\text{]} \to \Lambda \text{ (}\Lambda\text{ 表示空串)}.$$

这些规则使我们从终结组态的编码导出机器的输出. 现在可以安全地说机器由输入 X 产生输出 Y 当且仅当串 Y 能由串 [s_0X] 经由上述规则而得. 这与定理的表述仅有的区别是新字符 s_0. 不过, 这是容易修正的: 加一个新字符 [′, 以及规则 [→[′s_0, 再把其他的规则中的 [都换成 [′. (这就是上面提到过的 “输入预处理”.) 现在, 每件事情准确地对应于定理的表述, 因而可以宣布证明完毕. (哎呀, 通常一个差不多明晰的想法所提供的方法都要求大量详细的解释.) ■

现在已经准备好来构建不可判定的串重写系统了 (定理 60), 即有不可判定集 $P(I)$ 的串重写系统 I.

取定可数的不可判定集 K. 考虑这样一个 Turing 机, 它输入 K 中任意一个值都会停机并返回空字符串 Λ, 而只要输入非 K 中的值都不会停机. (既然 K 是可数集, 那么定义在 K 上、输入 K 中任意值都取值 Λ 的函数就是可计算的, 而由 Turing 论点, 它就是 Turing 可计算的.)

我们来构建一个模拟上述机器的串重写系统. 对于这个系统, 没有一个算法能够查明任意给定的串 U 是否能变换为另一个给定的串 V. 事实上, 任何这样的算法 (用到串 [X] 和 Λ 上) 都将告诉我们串 X 是否属于不可判定集 K.

6. Thue 系统

前节的论证还可以稍微加强一些. 如果在给定的规则系统集中的每个规则 $X \to Y$ 都伴随着逆规则 $Y \to X$, 则这个集称为 *Thue 系统* (因此上面研究的系统集称为半 Thue 系统).

定理 62. 存在一个 Thue 系统, 没有算法能确定一个串是否能由另一个串通过这个系统的规则而得到.

证明. 证明中用了上面构造的稍加修改的不可判定串重写系统 I (它模拟有着不可判定停机问题的 Turing 机 M). 首先, 规则 $\triangledown] \to \Lambda$ 被换成规则 $\triangledown] \to \star$ (马上就可以看到为什么要这样做), 其次, 对 I 中的每个规则都将添加它的逆规则. 这样得到的新系统 I' 仍然很好地模拟了 Turing 机 M:

引理. 输入二元串 X, 机器就输出二元串 Y 当且仅当串 $[X]$ 能按照系统 I' 的规则变换为串 $Y\star$.

引理的证明. 如果逆规则没被加进来, 那么 I' 与前节构造的系统 I 也就没有区别 (除了最后一步多了一个星号, 但这显然是非本质的). 因此, 只要说明若 $[X]$ 能由 I'-规则变换为串 $Y\star$, 那么这个变换只需用直接规则不需要用逆规则就能完成.

证明如下. 我们称下列字符为 "主动的": $[$ 字符 (如我们知道的, 它在第一步就被替换了), 机器的所有状态, $\triangleright$, $\triangleleft$, $\triangledown$ 和 $\star$. 系统的每个规则恰有一个主动字符在箭头的某一边. 因此在直接规则和逆规则的任何序列中, 能把 $[X]$ 变换为 $Y\star$ 的每个串也只包含一个主动字符.

注意到最多只有一个直接规则可用于含有单个主动字符的串. (这可以通过检查所有规则来验证; 其理由是规则模拟指定的 Turing 机, 它的每个组态都是由前一个唯一确定的.) 因此, 我们可以从变换 $[X]$ 为 $Y\star$ 的序列中删去所有逆规则.

事实上, 考虑在变换序列中最后出现的逆规则, 它不可能在序列最后, 因为逆规则不能产生字符 $\star$. 因此, 它必定在某个直接规则应用之后出现. 但我们已经有一个可用的直接规则: 它的求逆变换就是问题中的逆规则. 由唯一性, 我们的逆规则后面就跟着它的直接对应规则. 于是这些规则删去后产生了一个较短的序列, 我们又可以从里面再找最后的逆规则, 等等. 这就完成了引理的证明. ∎

引理蕴涵了不可判定 Thue 系统的存在, 它就证明了本节的主要定理. ■

7. 半群、生成元和关系

前节证明的 Thue 系统的性质 (定理 62) 可以转换成代数语言. (我们不准备证明任何本质上的新命题: 仅仅是转换.) 我们来回忆一些相关的代数材料.

*半群*是一个任意的非空集 G, 它有一个结合运算, 写作乘法. 我们考虑的所有的半群都有一个单位元 1 (对所有 $x \in G$ 有 $1 \times x = x \times 1 = x$). 这样的半群通常被称作幺半群, 不过我们不采用这个术语. 如果 A 是半群 G 的子集, 而 G 中的任意元素都能表示为 A 的元素的积, 我们就说 A *生成了* G; 而 A 的元素被称作*生成元*. (允许空积; 并设它等于 1.) 如果一个半群的生成元是有限集, 就说这个半群是*有限生成的*.

令 $A = \{a_1, \ldots, a_n\}$ 是一个字母表. 把串的*拼接* (即两个串毗连) 作为乘法, 那么字母表 A 上所有串的集是一个半群, 这里单位元就是空串. 显然, 字符 $a_1, \ldots, a_n$ 是这个半群的生成元. (更准确的说法是一个字符的串是生成元.) 这个半群称作生成元 $a_1, \ldots, a_n$ 的*自由半群*, 记为 $\mathcal{F}(a_1, \ldots, a_n)$.

令 G 为任意一个半群, 而 $g_1, \ldots, g_n$ 是它的任意元素. 那么, 从半群 $\mathcal{F}(a_1, \ldots, a_n)$ 到半群 G 有唯一的同态 h, 使得 $h(a_i) = g_i$. (半群的一个*同态*是一个映射, 它把元素的积映射到它们像的积, 而把一个半群的单位元映射到另一个半群的单位元.) 它把字符 a_i 的任意串转换成对应元素 g_i 的积; 空串的像就是 G 的单位元. 显然, 在这个同态下 $\mathcal{F}(a_1, \ldots, a_n)$ 的像与半群 G 完全重合当且仅当元素 $g_1, \ldots, g_n$ 是 G 的生成元.

形如 $X = Y$ 的等式被称为*关系*, 其中 X 和 Y 是自由半群 $\mathcal{F}(a_1, \ldots, a_n)$ 的元素, 即字母表 A 上的串. 如果串 X 和 Y 的像, 即对应元素 g_i 的积, 在上述同态下相等, 我们就说关系 $X = Y$ 在标

记元素 $g_1, \ldots, g_n$ 的半群 G 中成立. 设有关系集 $X_1 = Y_1, \ldots, X_k = Y_k$, 我们来考虑有 n 个标记元素的各种半群 G, 其中所有这些关系都成立且标记元素是生成元. (例如, 这些半群之一就是由单个元素 —— 单位元构成的半群.) 如我们即将看到的, 这些半群中有一个 "最大", 而关系数却最少.

若在有规则 $X_1 \leftrightarrow Y_1, \ldots, X_k \leftrightarrow Y_k$ 的 Thue 系统中 P 可以转换为 Q, 则可在 A-串中设定 $P \equiv Q$ 来引进一个等价关系. (换句话说, 允许把任意串的子串 X_i 替换成子串 Y_i, 反之亦可.) 显然, 这个关系确实是等价的. 注意到如果 $P \equiv Q$, 那么对于任意的串 R, 有 $PR \equiv QR$ 且 $RP \equiv RQ$ (在转换序列中可在每个串的左边或右边添加 R). 考虑关于这个关系的等价类, 可以如下定义类的乘法: 规定含有串 P 和 Q 的两个类的积为含有它们的拼接 PQ 的类. 上面提到的等价性保证了积定义的合理 (积的类不依赖于因子表示式的选择). 于是, 我们可得半群 G, 它含有以空串为单位元的类和以一个字符的串为生成元的等价类 $g_i = [a_i]$. 这个半群表示为

$$\mathcal{F}(a_1, \ldots, a_n)/(X_1 = Y_1, \ldots, X_k = Y_k)$$

并被称为具有生成元 $a_1, \ldots, a_n$ 和关系 $X_1 = Y_1, \ldots, X_k = Y_k$ 的半群, 显然初始关系 $X_i = Y_i$ 在半群 G 中成立, 我们容易看出其中任何关系都是初始关系的一个推论:

定理 63. *如果关系 $X = Y$ 在半群*

$$\mathcal{F}(a_1, \ldots, a_n)/(X_1 = Y_1, \ldots, X_k = Y_k)$$

中成立, 那么它在任何一个有标记元素 $g_1, \ldots, g_n$ 且所有关系 $X_i = Y_i$ 都成立的半群 G 中也成立.

证明. 我们已经对于上面说明的关系分别指定了串 X 和 Y 的等价类, 故能按 Thue 系统的规则从 X 得到 Y. 但这些规则没有一个改变了满足关系 $X_i = Y_i$ 的任何半群中串的值; 所以, 在任何一个这样的半群中, 对应于 X 和 Y 的元素将是相同的. ∎

问题 78. 什么样的半群有两个生成元 a_1 和 a_2 以及关系 $a_1a_2 = \Lambda, a_2a_1 = \Lambda$?

问题 79. 什么样的半群有两个生成元 a_1 和 a_2 以及关系 $a_1a_2 = a_2a_1$?

问题 80. 什么样的半群有两个生成元 a_1 和 a_2 以及关系 $a_1a_1 = \Lambda$, $a_2a_2 = \Lambda$, $a_1a_2 = a_2a_1$?

问题 81. 什么样的半群有两个生成元 a_1 和 a_2 以及关系 $a_1a_1 = \Lambda$, $a_2a_2a_2 = \Lambda$, $a_1a_2 = a_2a_2a_1$?

我们现在已经准备好采用半群的术语重述不可判定 Thue 系统的命题了.

定理 64. *存在具有有限多个生成元和有限多个关系的半群, 其中验证两个生成元串的相等问题是算法不可解的 (没有算法能确定这个半群中两个给定的串是相等还是不等).*

证明. 由定义, 两个生成元串相等意思是它们中的一个能用 Thue 系统的规则变换为另一个; 于是, 这个定理就是定理 62 的形式化重述. ■

约在 1947 年这个定理由 Emil Post 和 Andrei Markov (Jr.) 独立地证明了; 不久之后, Petr Novikov 以及稍后 William Boone 给出了加强的证明: 他们构建了一个具有有限多个生成元和关系的群 (而不是半群!) 的例子, 其中, 两个生成元串的相等问题是不可判定的.

第十章

可计算函数的算术化

1. 有限个变量的程序

我们来阐明任何可计算函数的图是一个算术集, 即可用一个算术公式说明. 这容易用一个非 Turing 机的模型来做到, 通常这个模型称为 “有限多个寄存器模型”.

这种机器的程序采用了自然数值的有限个变量. (这些数可以任意大, 所以, 事实上机器的存储器是没有限制的.) 每个程序都由下面形式的已编号命令组成 (其中 `a` 和 `b` 是变量):

- `a:=0`
- `a:=b`
- `a:=b+1`
- `a:=b-1`
- `goto` ⟨number⟩
- `if a=0 then goto` ⟨number1⟩ `else goto` ⟨number2⟩
- `stop`

对于不熟悉 `goto` 命令的读者, 我们来解释 `if` 命令是如何执行的: 如果变量 `a` 的值等于零, 则执行 `then` 之后指定编号的命令; 如果 `a` 不等于零, 则执行 `else` 之后指定编号的命令. 无条件命令 `goto` 通常是把控制转向到指定编号的命令.

既然假定变量值都是自然数 (非负整数), 我们就规定差 $0-1$

等于 0 (然而, 这并不重要, 这样的事件可当作错误条件).

`stop` 命令使程序终止.

如 Turing 机的情形一样, 取得一些编程经验是有用的. 我们来编制两数相加的程序, 这个程序必须将数 `a` 和 `b` 的和放到变量 `c` 中去. 对应的 Pascal 程序如下:

```
c:=a;
{invariant:answer=sum of the current values
                    of c and b}
while b<>0 do begin
    c:=c+1;
    b:=b-1;
end;
```

我们的机器程序可以应用 `goto` 语句来模拟这个循环:

```
1 c:=a
2 if b=0 then goto 6 else goto 3
3 c:=c+1
4 b:=b-1
5 goto 2
6 stop
```

现在应该清楚如何写出减法、乘法 (累加)、除法、剩余 (`mod` 运算)、取幂、素性测试, 计算第 n 个素数等程序了. 一般地说, 这个语言比 Turing 机更符合习惯, 基于这个理由, 容易相信所有的算法都能用它来编程.

真正缺少的只是数组, 不过我们可以采用有效的任意大的编号轻松地克服这个缺陷, 因为 (正如通常一般算法理论那样) 我们并不在意操作的编号. 可以用等同于数组的二元组记号数来代替数组, 这样编号的数组可用一个数来编码. 例如, 可以把序列 $\langle a, b, c, d, e\rangle$ 存储为 $2^a 3^b 5^c 7^d 11^e$. 于是, 命令 `a[i]:=b` 和 `b:=a[i]` 就可以用变量 `a,b,i` 的小程序来代替. (特别地, 这些程序应包含给定 n 的第 n 个素数的计算.)

在这个模型中, 容易给出可计算函数的定义. 用以计算函数 f 的程序有两个变量 x 和 y (也可能还有其他的变量). 对于给定的 n 要找出 $f(n)$, 我们可以把 n 放入变量 x 中并将其余变量均初始化为零, 然后运行这个程序. 如果程序不能终止, 则 f 在 n 处无定义. 如果程序终止, 则 $f(n)$ 的值就可在变量 y 中找到. 如果存在一个程序能做这个计算, 那么这个函数就称为可计算的 (在这个模型中).

通常, 这个定义中的许多细节是非本质的, 某些命令可以添加 (例如, 加法), 另外一些可以删除 (例如, 采用一个小技巧就可以不用复制命令).

问题 82. 阐明从定义中取消复制命令 (a:=b) 后, 可计算函数类仍然不变.

下面的事实更令人惊异. (如果还记得可以把整个数组塞进一个变量中去, 就不会显得那么奇怪了.)

问题 83. 证明变量数可以限制为一个固定值, 例如 100, 而可计算函数类仍然不变.

2. Turing 机和程序

上面构造的计算模型在下述意义下并不弱于 Turing 机:

定理 65. *任何 Turing 可计算函数都可以用有限多个变量的程序来计算.*

应当把我们的意思说明白, 因为对 Turing 机而言, 初始数据和结果都是二元串, 而对有限多个变量的程序来说它们都是自然数. 我们把串 Λ (空串), $0, 1, 00, 01, \ldots$ 等同于数 $0, 1, 2, 3, 4, \ldots$ (要从一个数得到串, 可以先加 1, 然后把和转换为二进制并去掉最高位的 1).

证明. 如前, 对于给定的 Turing 机, 如何构建只有有限多个变量的程序来计算相同的函数, 我们只给出一个近似的描述. 首先, 必须用整数为 Turing 机的组态编码, 例如, 可以对每个组态赋予四个整数: 当前状态编号, 当前字符编号 (机器读写头下的那一个), 读写头左边内容的编码, 以及读写头右边内容的编码.

要选择最适当的方式给纸带两半内容编码, 应当注意到 Turing 机是按堆栈来处理的. (堆栈是一种数据结构, 很像一叠纸, 你可以放一张在它的顶部, 从顶部取一张纸, 还可以检查有没有其他的纸.) 事实上, 右移读写头可看作把右手堆栈顶部元素移到左手堆栈; 而左移又是另外的方式. 堆栈很容易用数来模拟: 例如, 设存储到堆栈中的字符是 0 和 1, 那么推进 0 或 1 分别表示为操作 $x \mapsto 2x$ 或 $x \mapsto 2x+1$, 其中移除顶部元素对应于用 2 除. 换句话说, 我们把一个数的二进制数看作一个堆栈, 顶部元素在右端最低位处. 同理, 可以用 k 进制记数法来表示在每个位置都可能有 k 个字符的堆栈.

现在, 可以把 Turing 机的基本循环表示为改变上述四个数的程序了 (当前字符, 状态, 左堆栈, 右堆栈). 不过有几件事应当注意.

首先, 堆栈是有限的, 而纸带是无限的; 我们允许一旦堆栈已空, 会自动把空符号放进去. 这样纸带无限的空尾部实际上存在于堆栈之内.

第二, 我们曾允许把二元串 (用于 Turing 机的输入) 与存入程序变量中的编码视作等同, 因此, 当接收到输入串的编码时, 必须将它们反汇编为字符, 再把这些字符一个接一个地放入堆栈 (程序和机器使用了不同的数系, 不能简单地把串原样重写). 类似的问题也出现在输出 (右堆栈内容的一部分) 被转换为相应的数字时, 不过这些问题都容易解决, 我们将跳过这些细节. ■

逆命题也真:

定理 66. 任何可被有限多个变量的程序计算的函数也是 Turing 机可计算的.

证明. 我们必须模拟由 Turing 机程序实现的计算. 设变量的值写到纸带上 (用二进制记号) 并已分离为特定的字符. 那么机器应能

找出任何在纸带从起点开始时移动并计算分离的字符的变量, 处理变量, 然后返回到起点. (不必把执行命令的编号保存在纸带上, 既然只有有限个命令, 机器就可以将当前的命令编号作为状态的一部分存放起来.) 在二进制记数系统中加 1 和减 1 的操作很容易实现 (从右移动到左时). 我们只需考虑这些操作之后编号的长度可能会改变即可. 加法可能会增加长度; 那么我们必须将所有字符移动一位到读写头的右边, 从而把一个附加的单元放到编号的左边. (减法之后字符可能会移动到左边.) 显然, 用我们的 Turing 机这也容易实现.

如果编号使用二进制编码, 那么输入 - 输出运算开始之前其他的变量均填充零, 而在运算结束时读写头应处于纸带单元的末尾.■

3. 可计算函数是可算术化的

现在来证明可用具有有限多个变量的程序计算的函数是可算术化的, 即它们的图是算术集. 本节中仍然假定读者熟悉基本的逻辑记号. 考虑包含非负整数变量的算术公式, 相等关系, 常量 0 和 1, 加和乘运算, 逻辑连接词 (AND, OR, NOT), 以及量词 “对所有” 和 “存在”. 我们将形式地处理一阶语言, 它包含一个二元谓词 (相等), 两个常量 (0 和 1), 以及两个二元函数符号 (加和乘). 说这样一个公式为真, 意思是在自然数集 $\mathbb{N}$ 上按标准解释它为真.

如果有一个含有参数 $x_1, \ldots, x_k$ 的算术公式 α 在下述意义下表述了集 $A \subset \mathbb{N}^k$: $\langle n_1, \ldots, n_k \rangle \in A$ 当且仅当参数值 $x_1 = n_1, \ldots, x_k = n_k$ 时公式 α 为真, 则集 $A \subset \mathbb{N}^k$ 就称为算术的.

定理 67. 可由具有有限多个变量的程序计算的任意函数的图是一个算术集.

证明. 令 $f : \mathbb{N} \to \mathbb{N}$ 是由具有有限个变量 $k_1, \ldots, k_N$ 的程序 P 计算的函数. 设输入和输出变量分别是 k_1 和 k_2. 我们要写一个有两个变量 x 和 y 的公式, 当且仅当 $y = f(x)$ 时它为真. 一个具有有限多个变量的程序的状态是由变量的值和当前命令号完全确定的 (对应的寄存器在程序处理中通常叫作程序计数器). 现在我们可以看到具有有限多个变量程序的两个连续状态之间算术的一致性了. 我们可以写出一个有 $2N+2$ 个变量的算术公式

$$\mathrm{Step}(s_1,\ldots,s_N,p,s'_1,\ldots,s'_N,p'),$$

它是程序 P 的一步, 从变量为 $s_1,\ldots,s_N$ 和程序计数器等于 p 的状态进入变量为 $s'_1,\ldots,s'_N$ 和程序计数器等于 p' 的状态. (我们可以也愿意假定值 $p'=0$ 指向程序终止.) 这个公式可由相应于程序每行的单个语句的合取而得. 例如, 设程序第 7 行是 $\mathtt{k}_2 := \mathtt{k}_3$, 则合取中应包含如下的项:

$$(p=7)\Rightarrow((s'_1=s_1)\wedge(s'_2=s_2)\wedge(s'_3=s_3)\wedge\cdots$$
$$\cdots\wedge(s'_N=s_N)\wedge(p'=8)).$$

条件分支形如

```
3 if k5=0 then goto 17 else goto 33
```

的串将用两个合取项公式来表达 (分别对应于转移的两种情况):

$$((p=3)\wedge(s_5=0))\Rightarrow((s'_1=s_1)\wedge\cdots\wedge(s'_N=s_N)\wedge(p'=17))$$

和

$$((p=3)\wedge(s_5\neq0))\Rightarrow((s'_1=s_1)\wedge\cdots\wedge(s'_N=s_N)\wedge(p'=33)).$$

还必须加上停机的情况: 对于 $p=0$, 所有变量均保持它们的值到下一步, 而程序计数器保留为零 ($p'=0$).

因此, 不难证明单个的程序步骤是算术的. 而一个计算是一系列步骤, 从初始状态开始, 结束于满足停机条件的状态 (零程序计数器), 其中每一步都是正确的. 这样, 我们仍然必须回答主要问题: 如何写出表示这样一个序列存在的公式? 这里的困难是我们必须写出像存在量词的可变数量, 或者量词 "存在自然数有限序列".

这可用传统地称为 *Gödel* β-函数的技术做到. 意思是指:

引理 1. 对于任意 k, 都存在一个任意大的正整数 b 使得序列 $b+1, 2b+1, 3b+1, \ldots$ 的前 k 项是两两互素的.

证明. 序列中两项的任何公共素因子 p 也是它们差的因子, 两项的差即数 lb, 其中 $0<l<k$; 取 b 为 $k!$ 的倍数, 就可以保证 p 整除数 b, 而序列中所有的项都与 b 互素. 这就完成了引理 1 的证明. ■

引理 2. 对于自然数的任何序列 $x_0, x_1, \ldots, x_n$, 都能找到数 a 和 b, 使得 x_i 是 a 除以 $b(i+1)+1$ 的余数.

证明. 由上面的引理可以设除数 $b(i+1)+1$ 是互素的 (并且可任意大). 应用中国剩余定理 (孙子剩余定理、大衍求一术) 可以指出如果正整数 $d_1, \ldots, d_k$ 是互素的, 那么我们就可选择一个整数 u, 它除以数 $d_1, \ldots, d_k$, 可以得到任何给定的余数集.

事实上, 确有 $d_1 d_2 \cdots d_k$ 个这样的元组 (既然除以 d_i 所得的余数是从 0 到 d_i-1). 所有的数 $u=0,1,\ldots,d_1 d_2 \cdots d_k-1$ 就产生了不同的余数集 (如果这些数中的两个数 u' 和 u'' 产生同一个余数元组, 那么它们的差就能被所有的 d_i 整除, 但这是不可能的, 因为 d_i 互素, 而差小于它们的积). 注意到有许多等同的数 u 和余数元组, 因此任何一个元组都能表示为数 u 之一的余数.

这就完成了引理 2 的证明. ■

引理 2 说明任意长度的序列都能由三个数 a, b 和 n 编码. 因此, 在某种意义上, 我们可以把 "公式"

$$\exists\langle x_0, \ldots, x_n\rangle(\forall i \leqslant n)[\ldots x_i \ldots]$$

(实际上, 它在有限序列前含有量词, 故并非有效公式) 换成公式

$$\exists a \exists b \exists n(\forall i \leqslant n)[\ldots(a \text{ 除以 } b(i+1)+1 \text{ 的余数}) \ \ldots].$$

我们把 a 除以 $b(i+1)+1$ 的余数写成 $\beta(a,b,i)$ (因而有术语 "β-函数").

回到具有有限个变量 $k_1, \ldots, k_N$ 的程序 P 和计算它的函数 f, 我们可以把形如 $f(x)=y$ 的任何语句如下写出: 存在一个步骤数 n

和数 $a_1, b_1, a_2, b_2, \ldots, a_N, b_N, a, b$ 使得

- $\beta(a_1, b_1, 0), \ldots, \beta(a_N, b_N, 0)$ 是变量的校正初始值 (第一个等于 x, 其余为 0); $\beta(a, b, 0)$ 是程序计数器的校正初始值, 即 $\beta(a, b, 0) = 1$.
- 对于从 0 到 $n-1$ 任何 i, 我们有

$$\begin{aligned}&\mathrm{Step}(\beta(a_1, b_1, i), \ldots, \beta(a_N, b_N, i), \beta(a, b, i),\\&\beta(a_1, b_1, i+1), \ldots, \beta(a_N, b_N, i+1), \beta(a, b, i+1)),\end{aligned}$$

  这是每次转换所依照的程序;
- $\beta(a_2, b_2, n) = y$ (计算到最后输出变量 k_2 的值等于 y) 以及 $\beta(a, b, n) = 0$ (计算到最后程序计数器的值等于 0, 按照约定, 对应于程序终止).

这就完成了可用具有有限多个变量的机器计算的函数的算术化. ■

回忆定理 65, 我们得到任何 Turing 可计算函数是可算术化的. 应用 Turing 论点, 我们得到任何可计算函数的图是一个算术集.

4. Tarski 定理和 Gödel 定理

这样, 可计算函数的图是算术的, 从而立刻得到可判定集和可数集也是算术的. 这也证明了 "算术分层" 这个名称对于类 Σ_n 和 Π_n 是正确的.

定理 68. 属于类 Σ_n 或 Π_n (对任意 n) 之一的任何集都是算术的 (即, 集合中的成员可用一个算术公式来表示).

证明. 我们已经证明可计算函数是算术的, 那就很清楚了: 类 Σ_n 和 Π_n 中的集合是由可判定谓词量化而得, 而可判定谓词是算术的. ■

逆命题也真.

定理 69. 任何算术集都属于某个 n 对应的类 Σ_n 或 Π_n (当然也属于比 n 大的数对应的类).

证明. 我们把定义一个算术集的公式转换为前束范式 (将所有的量词移到公式的左边). 显然, 没有量词的部分定义了一个可判定集; 因此, 原来的集合属于类 Σ_n 或 Π_n 之一.

也可以不用前束范式, 而对公式长度进行归纳, 并且事实上集合的交、并和补, 甚至射影, 都不会超出算术分层 (所有的类 Σ_n 和 Π_n 的并) 之外. ■

现在来考虑没有参数的所有真算术公式组成的集 T (更准确地说, 所有公式的某个可计算编号系统中的所有编号的集).

定理 70. *任何算术集都可 m-归约到集 T.*

证明. 这个命题差不多是明显的. 令 A 为任意算术集, $\alpha(x)$ 为表示 A 中成员的一元公式. 这意味着 $\alpha(n)$ 为真当且仅当 n 属于 A. 于是, 可计算函数 $n \mapsto$ (将常数 n 代入 $\alpha(x)$ 所得的公式编号) 把 A m-归约到 T. ■

定理 71. *集 T 不是算术的.*

证明. 我们建立起来的背景使这个命题变得明显了: 如果集 T 是算术的, 则它即为 Σ_n 类中的一员. 既然任何算术集都可归约到 T, 由定理 53 所有算术集都将属于这个类, 然而我们知道分层更高的类也是算术的, 虽然它们不全属于 Σ_n. ■

这个事实称为 *Tarski 定理*. 它能叙述如下: “算术真语句的集合不是算术的”. 或者, “算术真的概念不能在算术术语中定义”.

定理 72. *算术真语句集 T 不可数.*

证明. 事实上, 任何可数集都是算术的. ■

这个命题称为 *Gödel 不完备性定理*. 它可以再次形式化如下: 如果一个产生算术公式的形式系统 (即某个这种公式集的枚举算法) 是合理的 (相容, 即不会产生假公式), 那么它是不完备的 (它不能产生某个真公式). (而且任何完备系统都不是合理的.)

问题 84. 阐明对于任意的 N, 凡有最多 N 个量词的所有封闭的真算术公式的集合是算术的.

问题 85. 形式化并证明与有限量词深度的公式相似的命题 (量词深度即嵌套量词数; 它等于量词链的最大长度, 其中每个量词都属于左邻的定义域), 并把有限个量词的公式变为前束范式.

5. Tarski 定理和 Gödel 定理的直接证明

作为算法理论的定义和事实的简单结论, 我们已经得到了 Tarski 定理和 Gödel 定理. 这就让我们能更好地了解这些定理在数理逻辑和算法理论的一般背景下的地位, 另一方面, 把这些论证转为更直接的证明是有意义的, 这些证明给出如下.

我们从假设所有真算术封闭 (无参数) 公式的编号集 T 是算术的来开始 Tarski 定理的证明. 设 $\tau(x)$ 是相应的公式, 再用一个参数 x 来枚举所有的公式, 又设 $F_n(x)$ 是这个编号系统中的第 n 个公式. 考虑单一参数的公式, 它阐明了将常数 x 代入第 x 个公式即得假公式. 写出这个公式如下:

$$\exists z(\neg\tau(z) \wedge \mathrm{Subst}(z, x, x)),$$

其中 $\mathrm{Subst}(p, q, r)$ 是三参数公式, 它表示性质 "在所有无参数公式的编号系统中, p 是将常数 r 作为参数代入第 q 个单一参数公式所得公式的编号". 引号中的性质描述了某个可计算函数的图 (对应于一个简单的符号运算和一个编号系统到另一个编号系统的转换); 因此能用一个公式来表示.

这样我们已经写出了一个确定的单个参数 x 的公式. 设它的编号是 N, 对参数代以编号 N 得到无参数公式 $F_N(N)$. 由这个构造可得这个公式为真当且仅当把 N 代入第 N 个公式所得的结果 (即公式 $F_N(N)$ 本身!) 为假.

得出这个矛盾就完成了 Tarski 定理的证明. 证明中用到了下述事实: 一个特别的函数 (而不是任意可计算函数) 可算术化表示.

如果有足够的耐心, 这个函数的算术化公式确实可以写出, 这将使证明有了实际的“证据”.

现在再以同样的方式展示 Gödel 定理的证明. 正如已说过的, 一个形式系统就是一个机械系统 (算术系统), 它能产生确定的算术语言公式 (为简单起见我们假设只产生无参数公式). 这得到了一个确定的可数集, 通常被表述为可判定集的射影. 这样, 我们可如下引进证明的概念, 证明是某个确定的字母表上的串. 证明的集是可判定的, 也就是说我们可以用算法来判定证明和非证明的串. 此外, 我们有串 x 和 y 的 (可判定) 性质, 它能判断 x 是不是公式 y 的一个证明. 我们来枚举所有的证明和公式, 并写出上述可判定性质的算术表达式. 于是我们就得到了公式 $\mathrm{Proof}(x, y)$, 当 x 为第 y 个公式的证明的一个编号时它为真.

现在来写出一个单一参数公式, 并指出将 x 代入第 x 个单一参数公式的结果是没有证明的:

$$\neg\exists z\exists p[\mathrm{Subst}(z, x, x) \wedge \mathrm{Proof}(p, z)].$$

设在单一参数公式的编号系统中, 这个公式有编号 N. 用 N 代替参数, 就得到无参数公式 φ. 由公式的构造可知, 当把 N 代入第 N 个单一参数公式的结果不可证明时, 公式 φ 为真. 但这个结果就是公式 φ 本身, 于是就得到它为真当且仅当它不可证明. 这就导致我们的形式系统或者允许我们证明假公式 φ (如果 φ 为假, 就说这个形式系统不合理 (不相容)) 或者不允许我们证明真公式 φ (这种情况下, 我们就说这个形式系统不完备).

注意到我们给出的两个证明其结构与经典的说谎者悖论极其相似:

结构中的陈述是假的.

6. 算术分层和量词交换数

我们已经证明了算术集的类与类 Σ_n 和 Π_n 的并完全一样, 现在来考虑一个类的标号与算术公式中量词交换数的关系.

要研究这个问题就必须准确地解释什么样的公式被当作无量词公式. 如果用谓词符号表示加法和乘法, 那么无量词公式就是公式 $x_i+x_j=x_k$ 和 $x_i\times x_j=x_k$ 的逻辑组合; 比写出公式 $a+b+c=d$ 这里更需要一个量词: 我们写成 $\exists u((a+b=u)\wedge(u+c=d))$. 然而加法和乘法通常被看作函数符号, 这就允许我们在无量词公式中使用任意整系数多项式. 依照这个观点无量词公式是形如 $P=Q$ 的表达式的逻辑组合, 其中 P 和 Q 是任意整系数多项式. 于是下述定理成立.

定理 73. *集 $A\subset\mathbb{N}$ 属于类 $\Sigma_n(n\geqslant 1)$ 当且仅当集合中的成员可表示为以存在量词起始, 包含 n 个同类量词组的前束范式公式.*

(转为补集, 我们可以看到一个集属于类 Π_n 当且仅当集合中的成员可表示为以全称量词起始, 包含 n 个同类量词组的前束范式公式.)

证明. 我们将部分地证明这个定理. 首先, 如果一个集表示为 n 个量词组的前束范式公式, 那么它属于类 Σ_n (或类 Π_n, 依赖于以何种量词开始): 回忆起 $\mathbb{N}^k$ 与 $\mathbb{N}$ 间的可计算双射, 它允许我们把相邻的一组 k 个连续同类量词换成一个量词.

逆命题的证明要难一些, 主要问题在 $n=1$ 的情形. 1970 年, Yu. V. Matiyasevich 解决了 Hilbert 第十问题, 指出了任何可数集都是整系数多元 (定义在 $\mathbb{N}$ 上, 变量取自然数) 多项式的非负值的集. 这个性质显然可写成存在量词为前束量词的公式. 于是 $n=1$ 的情形就被完整地研究了.

既然后续的每个类都是在前一个的类上添加量词而得的, Matiyasevich 的结果就使证明变得清楚明白了.

不过, 我们试着撇开 (宁可复杂些) Matiyasevich 的结果来看看由上面的可计算函数是算术的这个事实的证明还能榨出点什么. 设任给一个可数集, 它可看作值全为零的可计算函数的定义域, 我们应用上述过程产生一个由存在量词开始的公式 (“存在按照 Gödel

β-函数的意义对每个变量的值的序列编码的数”), 后面是全称量词 (在程序步骤编号上: “转换的任何一步必须依照程序做”). 接下来的公式如果不是对于它可能包含的 mod 运算将是无量词公式. 但是 mod 运算是可以用全称量词表示的: 形如下面的语句

$$\forall i[\ldots P \text{ 除以 } Q \text{ 的余数} \ldots],$$

其中 P 和 Q 是变量的表达式 (由 β-编码的定义), 由余数的定义可以重新写成

$$\forall i \forall u \forall v[(P = uQ + v) \wedge (v < Q)] \Rightarrow [\ldots v \ldots].$$

因此, 我们可以把任何可数集表述成 $\exists \ldots \exists \forall \ldots \forall$-公式的形式, 这就产生了任何 Σ_n-集的由存在量词起始的 $n+1$ 组量词的前束范式表达式, 对于 Π_n-集则产生由全称量词起始的 $n+1$ 组量词的公式. ■

这样, 我们得到了一个较弱的结果 (把 n 换成了 $n+1$), 它没有偏离 Hilbert 第十问题的解.

第十一章

递归函数

1. 原始递归函数

有限多个变量的程序类似于汇编语言; 本章研究的递归函数则更像函数程序设计, 其中某些函数由其他的函数定义. 我们将考虑自然数变量和自然数值的函数. 一般地说这些函数是部分函数, 所以 n 元函数指的是定义在 $\mathbb{N}^n$ 的子集上且值在 $\mathbb{N}$ 中的函数.

设有 k 元函数 f 和 n 元函数的 k 元组 $g_1, \ldots, g_k$, 我们就可以组成一个 n 元函数

$$\langle x_1, \ldots, x_n \rangle \mapsto f(g_1(x_1, \ldots, x_n), \ldots, g_k(x_1, \ldots, x_n)).$$

我们说这个函数是函数 f 和 $g_1, \ldots, g_k$ 由代入得到的.

另外一种用于 k 元函数 f 和 $k+2$ 元函数 g 的运算, 称为*递归*或*原始递归*, 它生成了 $k+1$ 元函数 h, 定义如下:

$$h(x_1, \ldots, x_k, 0) = f(x_1, \ldots, x_k);$$
$$h(x_1, \ldots, x_k, y+1) = g(x_1, \ldots, x_k, y, h(x_1, \ldots, x_k, y)).$$

序列 $h(x_1, \ldots, x_n, 0)$, $h(x_1, \ldots, x_n, 1)$,… 中的每个值都由前一个定义; 因此, 如果这些值中有一个没有定义, 那么所有的子序列值也就没有定义.

为一致起见, 常数被看作 0 元函数 (没有变量的函数); 这样就可以递归地定义一元函数了.

如果一个函数能通过代入和递归从下列基本函数而得, 我们就称它为*原始递归函数*: 常数 0, “后继” 函数 $s: x \mapsto x+1$, 以及射影函数族 —— 对每个 k, 由 k 个 k 元函数 $\pi_k^i(x_1, \ldots, x_k) = x_i$ 组成的族.

射影函数让我们可以执行 “非齐次” 代入, 例如, 可以由函数 f 和 h 用射影组合构建函数 $\langle x, y\rangle \mapsto f(g(x), h(y, x, y), x)$: 首先得到函数 $\langle x, y\rangle \mapsto g(x)$ (将 π_2^1 代入 g), 然后是 $\langle x, y\rangle \mapsto h(y, x, y)$ (将 π_2^2, π_2^1, π_2^2 代入 h), 再将所得的两个函数用函数 π_2^1 组合在一起代入 f.

常数 0 代入加 1 函数就生成常数 (0 元) 函数 1. 之后可以得到常数 2, 3 等等.

2. 原始递归函数的例

获得一些程序设计经验对研究其他的计算模型是有帮助的.

加法. 函数 $\langle x, y\rangle \mapsto \mathrm{sum}(x, y) = x + y$ 由下面的递归式得到:

$$\mathrm{sum}(x, 0) = x;$$

$$\mathrm{sum}(x, y+1) = \mathrm{sum}(x, y) + 1.$$

当然, 第二个等式的右边必须用代入的方式来表达. 形式上, 递归定义中的函数 $h(x, y, z)$ 必须设为等于 $s(z)$, 其中 s 是后继函数.

乘法. 函数 $\langle x, y\rangle \mapsto \mathrm{prod}(x, y) = xy$ 由下面的递归式得到 (包含加法):

$$\mathrm{prod}(x, 0) = 0;$$

$$\mathrm{prod}(x, y+1) = \mathrm{prod}(x, y) + x.$$

同样, 也能从乘法过渡到乘方运算.

截尾减法. 因为只处理自然数 (非负整数), 我们考虑的 “截尾减法” 是当 $x \geqslant y$ 时 $x \dot{-} y = x - y$, 当 $x < y$ 时 $x \dot{-} y = 0$. 1 的截尾

减法的一元函数的递归定义是:

$$0\dot{-}1 = 0;$$
$$(y+1)\dot{-}1 = y.$$

(这里没有用到前面的值, 故只是形式上的递归.) 那么任意变量的截尾算法可以如下定义:

$$x\dot{-}0 = x;$$
$$x\dot{-}(y+1) = (x\dot{-}y)\dot{-}1.$$

3. 原始递归集

如果一个集的特征函数是原始递归的, 这个集就称为*原始递归集*. (或等价地, 如果它是原始递归函数的零点集. 定义的两种版本的等价性可由代入函数 $x \mapsto 1\dot{-}x$ 而得.)

原始递归集的交与并是原始递归的 (可让两个函数相加或相乘, 它的零点集正是问题中的集). 原始递归集的补集是原始递归的. 由集与性质的同一, 可以说原始递归性质的合取、析取和否定也是原始递归的.

性质 $x = y$ 和 $x \neq y$ 是原始递归的 ($x = y$ 当且仅当 $(x\dot{-}y) + (y\dot{-}x) = 0$).

如果函数 g 和 h 以及性质 R 是原始递归的, 则由关系

$$f(x) = [\textbf{if } R(x) \textbf{ then } g(x) \textbf{ else } h(x) \textbf{ fi}]$$

定义的函数 $f(x)$ 也是原始递归的. 事实上, $f(x)$ 能够写成 $r(x)g(x)+(1\dot{-}r(x))h(x)$, 其中 r 是性质 R 的特征函数.

现在, 我们能写出一个公式, 它由加 1 模 n 得出小于 n 的数:

$$x+1 \bmod n = [\textbf{if } x+1=n \textbf{ then } 0 \textbf{ else } x+1 \textbf{ fi}].$$

这样, 函数 $x \bmod n$ (除以 n 所得的余数) 即可递归地定义如下:

$$0 \bmod n = 0;$$

$$(x+1) \bmod n = (x \bmod n) + 1 \bmod n.$$

我们来说明受囿量词用到原始递归性质 (集合) 上, 仍然产生原始递归性质. 这就是说, 例如, 如果性质 $R(x,y)$ 是原始递归的, 那么性质

$$S(x,z) = (\exists y \leqslant z)R(x,y)$$

和

$$T(y,z) = (\forall y \leqslant z)R(x,y)$$

也都是原始递归的. 要证明这点, 只要注意到函数理论中, 受囿量词可以替换成乘法或者求和: 如果性质 $R(x,y)$ 等价于 $r(x,y)=0$, 则

$$S(x,z) \Leftrightarrow \left[\prod_{y=0}^{z} r(x,y) = 0\right].$$

乘积可递归地定义如下:

$$\prod_{y=0}^{0} r(x,y) = r(x,0);$$

$$\prod_{y=0}^{t+1} r(x,y) = \left[\prod_{y=0}^{t} r(x,y)\right] \cdot r(x,t+1);$$

求和可以类似地处理.

现在已经准备好, 可以看出性质一个数 "是素数" 是原始递归性质了 (任何较小的数或者为 0 或 1, 或者不是因数).

我们继续说明, 如果函数 f 的图是原始递归的, 而且 f 值的上界为原始递归函数 g, 那么函数 f 本身也是原始递归的. 事实上, 如果 r 是图的特征函数, 也就是 $y=f(x)$ 时, $r(x,y)=1$; $y \neq f(x)$ 时, $r(x,y)=0$ (为简单起见, 只考虑一元函数情形), 则有

$$f(x) = \sum_{i=0}^{\infty} y \cdot r(x,y);$$

事实上, 求和的上界是 $g(x)$ 的值, 剩下的就是应用 "有界和" 的原始递归性了.

因此不难导出, 如果函数 g 和性质 $R(x,y)$ 是原始递归的, 则由下式定义的函数 f 也是原始递归的:

$$x \mapsto f(x) = \text{使得 } R(x,y) \text{ 的最小的 } y \leqslant g(x)$$

(如果对于给定的 x 没有这样的 y, 可以设定 f 的值等于 $g(x)+1$). 而函数 f 的图可用受囿量词来说明.

这个函数建立的操作称为有界最小化, 它不同于无界最小化那样预先没有已知的确定的边界 $g(x)$. 如我们将要看到的那样, 在第二种情形下建立函数是不需要原始递归的.

有界最小化可以用来说明函数 $x \mapsto$ (大于 x 的最小素数) 是原始递归的 (素数集合无穷性的 Euclid 证明产生了边界函数 $g(x) = x!+1$, 而阶乘是原始递归的). 现在容易递归地定义函数 $n \mapsto$ (第 n 个素数).

4. 递归的其他形式

迄今为止, "函数的递归定义" 的意思是定义中使用了原始递归, 然而这个术语的意义可以理解得更广泛一些, 即在一个函数的任何定义中, 它在给定点的值与它的其他值相关. 如我们将要在下面 Ackermann 函数的讨论中看到的, 某些递归定义的模式引导我们超出了原始递归函数类. 另一方面, 它们中的一些又可以归约为上面已经研究过的模式.

我们将对后者给出两个例子: 几个函数的同时定义和含小于变量值的任意数的递归.

联合递归. 令 f 和 g 为由下列关系确定的两个一元函数:

$$f(0) = a,$$

$$g(0) = b,$$

$$f(n+1) = F(n, f(n), g(n)),$$

$$g(n+1) = G(n, f(n), g(n)),$$

其中 a 和 b 是任意数, 而 F 和 G 是原始递归三元函数, 则函数 f 和 g 是原始递归的.

要想证明这个结论, 需要一个对 (二元组) 的原始递归编号系统, 即函数 $\langle x, y\rangle \to [x, y]$ (其中方括号表示对的编号), 它与它的两个反函数 p_1 和 p_2 (给定编号, 分别返回对的第一和第二个分量) 都是原始递归的. 应用这个编号系统, 可以递归地定义函数 $h(n) = [f(n), g(n)]$:

$$h(0) = [a, b],$$
$$h(n+1) = [F(n, p_1(h(n)), p_2(h(n))), G(n, p_1(h(n)), p_2(h(n)))].$$

如果 h 是原始递归函数, 则函数 f 和 g (将函数 h 代入 p_1 和 p_2 得到的) 也是原始递归函数.

剩下的事情就是构建一个对的原始递归编号系统, 所希望的双射 $\mathbb{N} \times \mathbb{N} \to \mathbb{N}$ 可由下表说明:

$$\begin{array}{llll} 6 \\ 3 & 7 \\ 1 & 4 & 8 \\ 0 & 2 & 5 & 9 \end{array}$$

问题 86. 阐明这个双射可由一个二元二次多项式确定. (提示: 由表中的值可唯一地确定这个多项式.)

逆映射 p_1 和 p_2 的原始递归性是建立在有界最小化上的, 因为 $p_1(n)$ 是满足存在一个 $y \leqslant n$ 且有 $[x, y] = n$ 的最小的 $x \leqslant n$.

公式 $[a, b] = (2a+1)2^b$ 给出了一个较小的对的对称编号系统. 还可以注意到, 并不一定要每个非负整数都是某个对的编号; 这样, 另一个适当的编号系统就是 $[a, b] = 2^a 3^b$.

类似的构造也适用于多变量函数和多于两个联立地定义的函数的情形.

使用前面的值. 下面的命题说明递归定义不仅可以含有紧挨着的前面的值, 也可以包含任意前面的值.

定理 74. *设 g 是一元原始递归函数, 满足在 $x>0$ 时有 $g(x)<x$, F 是二元原始递归函数, 而 c 是任意常数. 那么由下列关系定义的函数 h 是原始递归的:*

$$h(0)=c,$$
$$h(x)=F(x,h(g(x))), \quad \text{对于 } x>0.$$

证明. 我们用自然数有限序列的编号系统来证明这个定理: 空序列的编号为 1, 一元序列 $\langle a\rangle$ 的编号为 2^{a+1}, 序列 $\langle a,b\rangle$ 的编号为 $2^{a+1}3^{b+1}$; 序列 $\langle a,b,c\rangle$ 的编号为 $2^{a+1}3^{b+1}5^{c+1}$, 等等 (幂的底数是后续的素数). 我们用 $[a,b,\ldots,z]$ 来表示序列 $\langle a,b,\ldots,z\rangle$ 的编号. 在某种意义上说, 这个编号系统是原始递归的. 当然, 这个语句不能只从字面上来理解, 因为编号系统是一个 “自变量数可变的函数”. 有许多相关的函数是原始递归的, 特别地有下面这些函数:

- $\mathrm{Length}(x)=$ 序列编号 x 的长度;
- $\mathrm{Select}(i,x)=$ 序列编号 x 的第 i 项;
- $\mathrm{Append}(x,y)=$ 将 y 添加到序列编号 x 所得的序列的编号.

所有这些函数 (以及许多类似的函数) 都能由素数和其他因数采用各种运算构造出来, 这些运算我们都已经考察过了.

现在指出函数

$$x\mapsto H(x)=[h(0),h(1),\ldots,h(x)]$$

是原始递归的就足够了. 我们有

$$H(0)=[c],$$

以及

$$H(k+1)=\mathrm{Append}(H(k),F(k+1,\mathrm{Select}(g(k+1),H(k)))). \quad \blacksquare$$

还有一些与递归定义类似的工作用到了几个前面的值.

5. Turing 机和原始递归函数

我们已经考察了建立原始递归函数的各种各样的技术, 但是仍然不清楚这个类有多大. 现在我们来说明它包含在一个合理 (不是非常长) 的时间内所有可计算函数.

定理 75. *任何可由 Turing 机计算的函数, 这个 Turing 机的计算时间受限于一个输入长度的原始递归函数, 是原始递归的.*

证明. 由我们关于 Turing 机的定义, 它的输入与输出是 0 和 1 的串, 由于原始递归函数的变量和值都是数, 这个定理只有当我们把数与串看作等同时才有意义. 正如已经说过的, 数 n 与删除数 $n+1$ 的二进制表达式的最高位 1 所得的串等同.

要用适当的程序模拟 Turing 机, 我们用四个数对机器组态编码, 它们分别对应于纸带左手部分和右手部分、当前状态和读写头下的字符. 在我们的编码系统中, 纸带的左手部分被解释为等于纸带字母表大小的某个数的记号 (空符号读为零), 而纸带右手部分同样处理, 只是顺序相反 (从低位开始). 按照这个约定, 插入或删除字符相当于简单的算术运算 (在加法建立的数系中, 删除即除法而插入即乘法). 在这个编码系统中, 转换函数 (四个变量的四个函数, 它作为机器前一个组态的函数生成下一个组态) 表示为简单的公式, 而且是原始递归的.

现在来考虑多重转换函数, 它确定 Turing 机 t 步后的组态. 更准确地说, 我们有五个变量的四个函数 (前四个变量对应状态编码, 第五个是步数), 它们由前节考虑的联立递归定义, 因此这些函数是原始递归的. 我们假定机器一旦停止, 组态就不再改变. 由于 Turing 机的步数受限于一个原始递归函数, 只要用这个限度来代替第五个变量 (步数) 就足以确定机器的终止组态是初始组态的原始递归函数了. 因此, 机器的输出是输入的原始递归函数.

这个论证无疑包含了一种数据表示转换为另一种表示的各种函数的原始递归性. 例如, Turing 机的输入是二进制串, 我们曾约

定它等同于某个数 x. 这个输入转换成 Turing 机的初始组态是四个数的编码, 重要的是这四个数原始递归地依赖于 x. 当我们注意到这个变换联系着一种计数法转为另一种计数法时 (同一个串在不同的计数法中编码不同), 事情变得很清楚, 这类函数的原始递归性用我们的技术可以建立起来. 此外, 我们还要计算输入长度 (为了把它代入限制了步数的原始递归函数), 而最后的结果必须从输出的组态和记录中原始递归地取出. 所有这些运算仍在上面考察过的方法之内, 我们不打算再讨论了. ■

这个定理使我们确信许多漂亮而复杂的函数的原始递归性. 例如, 考虑函数 $n \mapsto$ (数 π 的第 n 个十进制数字), 众所周知, 成千上万个这样的数字已经计算出来了, 我们有理由相信存在着相当有效的算法来计算 π: 即便以程序员的眼光看到了 Turing 机所有的不灵活, 我们仍然会大吃一惊, 因为计算 π 的第 n 个数字需要超过 $c \times 2^n$ 次运算, 其中 c 要足够大. 不过由我们的定理可知, 这个估计仍是原始递归的. (事实上, 在这里我们有很大的安全范围: 存在着比 2^n 增长快得多的原始递归函数.)

6. 部分递归函数

原始递归和代入运算不会超出全函数类, 这与上面提到的极小化不同. 极小化运算用到 $k+1$ 元函数 f 上并产生一个 k 元函数 g 定义如下: *$g(x_1, \ldots, x_k)$ 是使得 $f(x_1, \ldots, x_k, y) = 0$ 的最小的 y.*

如果函数 f 是全函数, 那么楷体字句子的意义是很清楚的. 否则, 就必须如下理解: 如果 $f(x_1, \ldots, x_k, y)$ 有定义且等于零, $g(x_1, \ldots, x_k)$ 的值等于 y, 并且对于 $y' < y$, 所有的值 $f(x_1, \ldots, x_k, y')$ 有定义且不等于零.

极小化通常表示为

$$g(x_1, \ldots, x_k) = \mu y(f(x_1, \ldots, x_k, y) = 0),$$

所以它也称为 μ-算子.

显然, 只要 f 是可计算的, 这个定义就保证了 g 的可计算性 (按升序检查所有的 y, 看是否出现零值).

问题 87. 阐明若把定义改成 $f(x_1,\ldots,x_k,y')$ 不要求 $y'<y$, 那么即使 f 是可计算的, 函数 g 也会是不可计算的.

由基本函数 (零、射影和加 1 函数) 用代入、原始递归和极小化建立的函数称为*部分递归函数*. 如果这样的函数转为全函数, 则它就称为*全 (或一般) 递归函数*.

定理 76. *任意的 Turing 机可计算函数是部分递归函数.*

证明. 令 f 是可用 Turing 机 M 计算的一元函数. 对 M 输入 x 在不超过时间 t 内返回 y 的性质记为 $T(x,y,t)$. 正如在上面已经看到的, 从 Turing 机的输入和时间 t, 我们可以在时刻 t 原始递归地计算它的状态. 而且很清楚, 我们能够知道机器是否完成了工作, 如果完成了, 答案是否等于 y. 故而性质 T 是原始递归的.

现在用一个原始递归的编号系统把变量 y 和 t 合成一个对 (二元组); 令 $T'(x,[y,t])=T(x,y,t)$ 即得原始递归函数 T'. 现在令 $f(x)=p_1(\mu z T'(x,z))$, 其中 p_1 指定对的第一个分量为对的编号, 而 μz 表示 "最小的 z 使得 $\cdots\cdots$". 由此可知, 函数 f 是部分递归的. ■

逆命题亦真:

定理 77. *任意部分递归函数是 Turing 机可计算函数.*

证明. 不难写出有限多个变量的程序来计算任何部分递归函数 (代入即程序连续执行, 递归即 `for-` 循环, 极小化即 `while-` 循环; 两类循环用条件 `goto-` 语句都很容易实现).

于是剩下的就是要说明下面的事实: 可由有限多个寄存器的程序计算的任何函数就是 Turing 机可计算的函数 (正如我们在第十章第 2 节定理 66 已经阐明的那样). ■

因此, 如果我们相信 "Turing 论点", 它断定任何可计算函数是 Turing 机可计算的, 那么我们必须同样相信 "Church 论点" (任何可计算函数是部分递归函数), 于是, 这些论点是等价的.

这些问题的真实历史要复杂得多, 可以粗略地描述如下. 原始递归函数的定义是伟大的逻辑学家 Kurt Gödel 给出的, 并且早在 20 世纪 30 年代就作为专用工具用于 Gödel 不完备性定理的证明了. 全 (一般) 递归函数的定义也是 Gödel 给出的 (它与我们在上面给出的那个不同, 但却是等价的). 美国逻辑学家 Alonzo Church 形式化了他对全函数的论点, 猜想任何全可计算函数都是全递归函数. 然后美国数学家 Kleene 提出还应当扩展到部分函数.

与此同时, 英国数学家 Turing 和美国数学家 Post 提出了他们的抽象计算机模型 (Turing 机和 Post 机), 两种机器只有某些细节不同, 他们还猜想这些机器覆盖了整个算法过程的类. 很快便弄明白了用这些机器的函数可计算性等价于部分递归性. (更详细的叙述可在 Kleene 的书 [5] 中找到.)

现在词语 "Turing 论点"、" Church 论点"、"Post 论点" 等等常用作同义词. 这些论点断言: 可计算 (直觉意义下) 部分函数类与部分递归函数类 (Church 论点), 或者 Turing 可计算函数类 (Turing 论点) 都是重合的, 等等. 所有这些说法都是等价的, 因为所有通常可计算性的形式定义 (部分递归, Turing 机, 等等) 导致相同的函数类.

(我们附带还应当注意到另外一个计算模型, 由 Andrei Andreevich Markov Jr. 提出的*正规算法*或 *Markov 算法* (Markov 链和 Markov 过程是在他的父亲 A. A. Markov Sr. 之后命名的). 不过这是在稍晚的 20 世纪 50 年代出现的. 相应的原理 (任何算法都等价于一个正规算法) 是由 Markov 引进的; 他把它称为*正规化原理*. 在 Markov 的论文中, 正规算法用来构造不可判定的串重写系统 (见第九章第 4 节). 值得一提的是 Markov 详细地写出了通用算法构造的每个细节, 并且给出了它的正确性的严格证明; 看来这个成就从那以后再没有过: 没有人有足够的坚韧在一个语言中写出某个程序语言的编译程序并形式地证明它的正确性.)

我们关于定理 76 和 77 的证明又产生了一个推论, 有时称为 *Kleene 范式定理*:

定理 78. *任何部分递归函数 f 均可表示为*

$$f(x) = a(\mu z(b(x, z) = 0)),$$

其中 a 与 b 是原始递归函数.

证明. 事实上, 任何部分递归函数都是 Turing 机可计算的, 因此, 由定理 76 的证明可知, 可以表示为所要求的形式 (其中函数 a 指定对的第一分量为对的编号). ■

这个定理可从一元函数 f 推广到多变量函数的类似命题 (证明差不多相同).

问题 88. 阐明只用一个 μ-算子是不够的: 部分递归函数不能表示为形式

$$f(x) = \mu z(b(x, z) = 0),$$

其中 b 是一个原始递归函数.

Kleene 范式定理蕴涵着下面的命题:

定理 79. *任何可数集都是原始递归集的射影.*

证明. 任何可数集都是一个递归函数的定义域, 将函数表示为范式, 即可见它的定义域是集 $\{\langle x, z\rangle | b(x, z) = 0\}$ 的射影. ■

7. Oracle 可计算性

部分递归函数类的定义容易修改成适合 oracle 可计算性的情形. 设 α 为全函数, 我们来考虑由基本函数, 函数 α, 以及由它们应用代入、原始递归和极小化可得的所有函数组成的类 $\mathcal{F}[\alpha]$.

(形式上, $\mathcal{F}[\alpha]$ 是含有基本函数和函数 α, 对代入、原始递归以及极小化封闭的极小类. 这个极小类存在: 只要取具有这些性质的所有类的交集就够了.)

定理 80. *类 $\mathcal{F}[\alpha]$ 由所有 α-可计算函数组成. (即函数可由将 α 作为一个 oracle 函数调用的程序来计算.)*

证明. 首先, 注意到类 $\mathcal{F}[\alpha]$ 中所有函数对问题中的程序而言是可计算的. 例如, 这可解释如下. 有限多个变量的程序可计算所有部分递归函数, 若允许使用语句 `a:=`α`(b)`, 则它们同样可计算类 $\mathcal{F}[\alpha]$

中的所有函数.

逆命题更加有趣: 我们想要证明如果某个 (一般地, 部分) 函数 α-可计算, 则它可由基本函数和函数 α 通过代入、递归以及极小化来构建.

为此, 我们来回顾第七章第 2 节 (定理 45) 中相对可计算性的判别准则. 令函数 f 是相对于全函数 α 可计算的. 那么, 如我们所知, 存在一个形如 $\langle x, y, t\rangle$ 的三元组可数集 W, 其中 x 和 y 是自然数, 而 t 是一个模式 (有限域上的函数), 它是相容的 (有相同 x 和不同 y 的任意两个三元组的模式是不相干的) 且满足

$$f(x) = y \Leftrightarrow \exists t(\langle x, y, t\rangle \in W \text{ 且 } t \text{ 是 } \alpha \text{ 的一个部分}).$$

我们要指出性质 "t 是 α 的一个部分" 是相对于 α 原始递归的, 即它的特征函数是由基本函数和 α 通过代入和递归运算得到的. (回忆我们把模式和它在某个编号系统中的编号视为同一: 编号系统的选择稍后讨论.)

那么只需把 W 写成原始递归集 ($\langle x, y, t\rangle \in W \Leftrightarrow \exists u(v(x, y, t, u) = 0)$, 其中 v 是原始递归函数) 的射影就够了. 应用等式

$$f(x) = p_1(\mu z v'(x, z) = 0),$$

其中 v' 是 α-原始递归函数, 使得 $v'(x, [y, t, u]) = 0$ 当且仅当 $v(x, y, t, u) = 0$ 且 t 是函数 α 的一个部分, 而函数 p_1 则由三元组 $[y, t, u]$ 的编号计算三元组 $\langle y, t, u\rangle$ 第一分量 y.

最后, 还要说明集 $\{t|$ 编号 t 是 α 的一个部分的模式$\}$ 是 α-原始递归的. 在证明中我们假定模式的编号系统选成使得下列函数都是原始递归的 (它们对于非空域的模式明确定义; 对于空模式可随意定义):

- last-x(t), 最大的编号, 模式由编号 t 定义;
- last-y(t), 由编号 t 定义的模式在域中极大点处的值 (记得模式是函数);
- all-but-last(t), 从由编号 t 定义的模式中除去域中的极大点后所得的模式的编号.

于是我们可写出下面的递归定义: 如果模式为空或者 $\alpha(\text{last-x}(t))=\text{last-y}(t)$, 则编号 t 的模式是函数 α 的一个部分, 而且编号 all-but-last(t) 的模式也是函数 α 的一个部分.

这个定义采用了定理 74 中考虑的递归定义的形式; 函数值递归地由较小点处的值来确定. 我们只是必须选择模式的编号系统能保证对所有的 t 而言, all-but-last(t) 都小于 t. 而这不难做到: 例如, 可以应用素数, 使模式 $\{\langle a,b\rangle,\ldots,\langle e,f\rangle\}$ 的编号为 $p_a^{(b+1)}\ldots p_e^{(f+1)}$, 其中 p_i 为第 i 个素数 (这就是说 $p_0=2$, $p_1=3$, $p_2=5$, $\ldots$). ■

注意到这个证明可以稍微简化一点, 只用到域为自然数集的初始段的模式, 在这种情形下可以从建立函数 $n\mapsto[\alpha(0),\alpha(1),\ldots,\alpha(n)]$ 的原始递归性 (相对于 α) 开始. 容易看出, 在相对可计算性定义中, 我们可以限于只考虑这类模式.

8. 生长率的估计、Ackermann 函数

现在我们转向很久以前就提出的问题: 存在全 (一般) 递归函数 (不是指原始递归函数) 吗? 我们给出两个它们存在的证明, 其中第一个是基于一般性考虑:

定理 81. *存在一个二元全可计算函数通用于所有一元原始递归函数的类.*

显然, 如果 U 是这样一个函数, 那么由 $d(n)=U(n,n)+1$ 定义的函数就是全可计算函数, 且不同于任何原始递归函数 (它不同于点 n 处的第 n 个函数).

证明. 任何原始递归函数都是由基本函数经过一系列代入和递归运算建立起来的. 这个序列能表示为一个有限字母表上的串, 可以把它看作一类程序 (通过对每个原始递归函数指定构建它们的函数和运算来逐个地定义各种原始递归函数). 从所有这些程序中, 我们选择一元函数的程序 (当然, 程序中的中间函数可以有任意多个变量). 所有这样的程序的集合是可判定的, 而且能够可计算地编号.

于是, 函数 $\langle n, x\rangle \mapsto$ (由对编号 x 的第 n 个程序指定的函数的应用结果) 是可计算的, 而且由构造, 它也是通用于原始递归函数类的.■

然而, 有趣的是可以指出一个更为特别的理由, 它阻止了某些可计算函数成为原始递归函数. 一个这样的理由是原始递归函数不能生长得太快. 这个概念来自 Ackermann, 他构造了一个生长得比所有原始递归函数都快的函数, 称为 *Ackermann 函数*. 我们在同一想法的基础上来给出一个稍有不同的结构.

首先定义一元全函数序列 $\alpha_0, \alpha_1, \ldots$. 把迭代式 $f(f(\ldots f(x)\ldots))$ 记为 $f^{[n]}(x)$, 其中函数 f 重复了 n 次. 令 $\alpha_0(x) = x + 1$ 且

$$\alpha_i(x) = \alpha_{i-1}^{[x+2]}(x)$$

(后面再来解释为什么函数 α_{i-1} 恰好用 $x + 2$ 次是方便的). 例如, $\alpha_1(x) = \alpha_0^{[x+2]}(x) = 2x + 2$.

下面的性质是显然的 (由归纳法可得形式证明):

- 对所有的 i 和 x, $\alpha_i(x) > x$;
- $\alpha_i(x)$ 对于 x 是严格递增函数;
- $\alpha_i(x)$ 对于 i 是严格递增函数 (对任意固定的 x);
- $\alpha_i(x) \geqslant \alpha_{i-1}(\alpha_{i-1}(x))$.

现在可以来估计任意原始递归函数的生长率了.

定理 82. *令 f 为 n 个变量的原始递归函数, 那么对一个确定的数 k,*

$$f(x_1, \ldots, x_n) \leqslant \alpha_k(\max(x_1, \ldots, x_n))$$

对所有的 $x_1, \ldots, x_n$ 都成立.

证明. 这个想法很简单: 如果对所含有的函数给出限制, 就可以限定函数复合的生长率; 对递归也同样可以做到. 形式的证明可由原始递归函数的归纳定义得到.

基本函数的界是明显的. 考虑由代入得到的函数, 设

$$f(x) = g(h_1(x), \ldots, h_k(x))$$

(其中字母 x 表示变量的元组). 如果所有的函数 $h_1,\ldots,h_k$ 和函数 g 都受限于 α_N, 即对于所有的 i 和 x 有 $h_i(x)\leqslant\alpha_N(\max(x))$, 并且 $g(y)\leqslant\alpha_N(\max(y))$ (这里 $\max(u)$ 表示元组 u 中的最大元素), 则 $f(x)$ 不会超过

$$\alpha_N(\max(h_1(x),\ldots,h_k(x)))\leqslant\alpha_N(\alpha_N(x))\leqslant\alpha_{N+1}(x)$$

(应用上面已提及的函数 α_i 的性质).

递归可用类似的方法处理 (只是更难一些). 设函数 f 递归地定义为

$$\begin{aligned}&f(x,0)=g(x);\\&f(x,n+1)=h(x,n,f(x,n)),\end{aligned}$$

其中 x 表示变量的元组. 如果函数 g 和 h 都受限于函数 α_N, 那么

$$\begin{aligned}f(x,1)=h(x,0,f(x,0))&\leqslant\alpha_N(\max(x,0,f(x,0)))\\&\leqslant\alpha_N(\max(x,0,\alpha_N(\max(x))))\\&\leqslant\alpha_N(\alpha_N(\max(x)))\end{aligned}$$

(最后的不等式来自于估计 $\alpha_N(t)>t$). 类似地有

$$f(x,2)\leqslant\alpha_N(\alpha_N(\alpha_N(\max(x)))),$$

一般地,

$$f(x,i)\leqslant\alpha_N^{[i+1]}(\max(x))\leqslant\alpha_{N+1}(\max(i,\max(x))),$$

证毕. ■

注意到每用一次代入或递归, 上界 α_i 的下标 i 就会加 1, 所以最多有 100 个运算符的函数受限于 α_{101}.

下面的命题是上述估计一个明显的推论:

定理 83. 函数 $A(n)=\alpha_n(n)$ 比任何一个原始递归函数都生长得快.

应当提到 Ackermann 函数 (准确地说是函数 $\langle n, x\rangle \mapsto \alpha_n(x)$) 的定义可看作递归定义: 这种函数的每个值都是由第一变量较小的同一函数的其他值来确定的. 这是一个不能归约为原始递归的递归定义的例子.

问题 89. 说明一个无穷原始递归集的直接计数 (按升序) 不必是原始递归的.

问题 90. 说明原始递归双射 $i: \mathbb{N} \to \mathbb{N}$ 的反函数不必是原始递归的.

问题 91. 证明如果 g 是一个三元原始递归函数, 而 h 是一元原始递归函数, 那么由下列等式定义的二元函数 f 是原始递归的:

$$
\begin{aligned}
&f(x, 0) = h(x),\\
&f(x, i+1) = g(x, i, f(2x, i)).
\end{aligned}
$$

参考文献

[1] J. Barwise (Ed.), *The handbook of mathematical logic.* North-Holland, Amsterdam, 1977.

[2] George S. Boolos, John P. Burgess, and Richard C. Jeffrey, *Computability and logic.* Fourth edition, Cambridge Univ. Press, Cambridge, 2002.

[3] Nigel Cutland, *Computability: An introduction to recursive function theory.* Cambridge Univ. Press, Cambridge, 1980.

[4] Yu. L. Ershov, *Theory of numberings.* Nauka, Moscow, 1977. (Russian)

[5] S. K. Kleene, *Introduction to metamathematics.* (11th Printing) North-Holland, Amsterdam, 1996.

[6] A. I. Mal'tsev, *Algorithms and recursive functions.* Nauka, Moscow, 1965. (Russian)

[7] Yu. I. Manin, *Computable and incomputable.* Sov. Radio, Moscow, 1980. (Russian)

[8] Yu. I. Manin, *A course in mathematical logic.* Springer-Verlag, New York, 1977.

[9] M. Minsky, *Computation: Finite and infinite machines.* Prentice-Hall, Englewood Cliffs, NJ, 1967.

[10] Piergiorgio Odifreddi, *Classical recursion theory.* Vols. Ⅰ, Ⅱ, North-Holland, Englewood Cliffs, NJ, 1989, 1999.

[11] Hartley Rogers, Jr., *Theory of recursive functions and effective com-*

putability. MIT Press, Cambridge, MA, 1987.

[12] A. Shen and N. K. Vereshchagin, *Basic set theory.* Amer. Math. Soc., Providence, RI, 2002.

[13] J. Shoenfield, *Degrees of undecidability.* North-Holland, Englewood Cliffs, NJ, 1971.

[14] Michael Sipser, *Introduction to the theory of computation.* PWS, Boston, 1997.

[15] Robert I. Soare, *Recursively enumerable sets and degrees.* Springer-Verlag, Berlin, 1987.

[16] V. A. Uspensky, *Lectures on computable functions.* Fizmatgiz, Moscow, 1960. (Russian)

[17] V. A. Uspensky and A. L. Semenov, *Algorithms: Main ideas and applications.* Kluwer, Dordrecht, 1993.

人名表

Wilhelm ACKERMANN, Mar. 29, 1896, Schoenebeck [Kr. Altena] (Germany) — Dec. 24, 1962, Luedenscheid (Germany) 129, 138

Alonzo CHURCH, June 14, 1903, Washington, D.C. (USA) — Aug. 11, 1995, Hudson, Ohio (USA) 135

EUCLID of Alexandria, about 325 (?) BC—about 265 (?) BC, Alexandria (now Egypt) 101, 129

Pierre de FERMAT Aug. 17, 1601, Beaumont-de-Lomagne (France) — Jan. 12, 1665, Castres (France) 8

Richard FRIEDBERG 79

Kurt GÖDEL, Apr. 28, 1906, Brünn, Austria-Hungary (now Brno, Czech Republic) — Jan. 14, 1978, Princeton, New Jersey (USA) 116, 122, 135

David HILBERT, Jan. 23, 1862, Königsberg, Prussia (now Kaliningrad, Russia) — Feb. 14, 1943, Göttingen (Germany) 122

Stephen Cole KLEENE, Jan. 5, 1909, Hartford, Connecticut (USA) — Jan. 25, 1994, Madison, Wisconsin (USA) 135, 136

Donald KNUTH, born Jan. 10, 1938, Milwaukee, Wisconsin (USA) 101

Andrei Andreevich MARKOV, Jr., Sep. 9, 1903—Oct. 11, 1979, Moscow (USSR) 110, 135

Andrei Andreevich MARKOV, Sr., June 14, 1856, Ryazan (Russia) — July 20, 1922, Petrograd (now St. Petersburg, Russia) 135

Yuri Vladimirovich MATIYASEVICH, born Mar. 2, 1947, Leningrad (USSR) 8, 122

索引

(章节号: [ ] 内的数字表示 “章”, 随后的数字表示 “节”)

C

T

U

W

郑重声明